WILLSENSE

爱尔兰肖像画家威廉·费舍尔（William Fisher）为兰多画的肖像，
现珍藏于英国国家肖像艺术馆。

时光诗丛

王柏华 主编

我不与人争

兰多诗选

［英］ 沃尔特·萨维奇·兰多 著

刘守兰 译

上海三联书店

以时光之名

王柏华

一个贪心的书迷，将古往今来的好书都纳入自己的书房，才觉舒坦；一个痴心的书虫，得知有哪一部传世经典，自己竟不曾听闻或不曾翻阅，顿觉惴惴不安；一套诗歌丛书，以"时光"命名，毋宁说传达了爱诗之人那种双倍的痴情和贪恋——

人生天地间，俯仰悲欢，聚散有时，皆为诗情。

时光分分秒秒流过，岂能没有诗歌？

两千五百年前，孔子望流水，思及昼夜，感悟时光来去："逝者如斯夫。"

一千六百多年前，王羲之为"兰亭诗会"作证，留下千古第一行书："当其欣于所遇，暂得于己，快然自足，不知老之将至。"

九百多年前，苏东坡泛舟于赤壁，"举酒属客，诵明月之诗，歌窈窕之章……飘飘乎如遗世独立。"

四百多年前，莎士比亚以诗行宣告爱人不朽："只要一天有人类，或人有眼睛，/这诗将长存，并且赐给你生命。"

两百年前，雪莱"为诗一辩"：世界有大美，由诗歌掀开面纱，化熟悉为陌生，化腐朽为神奇。时光绵延，"至福至妙心灵中那些至妙至福之瞬间"靠诗歌来标记。

八十年前，冯至在诗篇里时刻准备着："深深地领受/那些意想不到的奇迹……我们整个的生命在承受，/狂风乍起，彗星的出现。"

……

诗人寄身于翰墨，见证时光留痕，亦对抗时光流逝。尘世短暂，浮生若梦，所幸，我们有诗歌，让一己之生命，向无限伸展；所幸，我们有诗人，为人类之全体，兴发感动，世代传承。

时光如流水，你不能两次阅读同一首好诗。

因为一首好诗注定会让你有所发现，会以这样或那样的方式，让你不再是读诗之前的你；而一首好诗也会因你的阅读而有所不同，因你的阅读而成长，生生不息。

所有的诗歌丛书，都希望汇聚古往今来的"好诗"，而面向大众读者的诗丛，更希望在各类好诗中精选出雅俗共赏的经典，然而，"好诗"之"好"的标准，不仅随时代、地域、文化传统的不同而游移不定，且取决于读者的个人喜好，与教育程度和阅读经验相关，更与生命体悟相合相契。

"时光诗丛"汇聚时光好诗：这里有你耳熟却未曾一见的经典，如艾米莉·勃朗特（Emily Brontë）和H.D.（Hilda Doolittle）；这里有重读重译而重获新生的名作，如豪斯曼（A.E. Housman）；这里也有一向被主流文学史忽略却始终为大众所喜爱的抒情佳作，如蒂斯黛尔（Sara Teasdale）和米蕾（Edna St.Vincent Mill-ay）。当然也有我们这个时代孕育出的新人新作，它们将在你我的阅读中成为新经典，如马其顿当代诗选。

"时光诗丛"不限时代地域，皆以耐读为入选依据；有时双语对照，有时配以图片或赏析，形式不拘一格，不负读者期许。

当你在生命的时光里寻寻觅觅，无论你希望与哪一种好诗相遇，"时光诗丛"都在这里等你。时不我待，让我们以诗心吐纳时光，以时光萃炼诗情。

岁月静好，抑或世事纷扰，总有佳篇为伴。

"时光"自在，等你进来……

目录

| 译者序 / 只要我活着，就一直特立独行

 我不与人争
I Strove with None

002 'I strove with none'
003 我不与人争

004 'Retire, and timely'
005 归隐，及时归隐

006 'Why do our joys depart'
007 为什么欢乐总会离去

008 'Dull is my verse'
009 我的诗歌枯涩无味

010 'He who in waning age would moralize'
011 人到暮年喜好说教

012 'Twenty years hence...'
013 二十年后……

014   'Various the roads of life...'

015   生命的道路千条万条

016   Plays

017   剧

018   'Fate! I have askt few things of thee'

019   命运！我向你索求的不多

022   'Idle and light are many things you see'

023   许多消闲轻松的东西你会见到

024   Remonstrance and Reply

025   抗议与回应

026   'There falls with every wedding chime'

027   每一次婚礼钟声响起

028   A Funeral

029   葬礼

030   'Leaf after leaf drops off'

031   落叶纷飞

032   'All is not over '

033   一切都未终止

034   Age

035   年龄

036 Death of the Day
037 死亡之日

038 To Age
039 致年龄

042 'Death indiscriminately gathers'
043 死亡不加区分地集结

044 'Here lies Landor'
045 这里躺着兰多

046 Verses Why Burnt
047 为什么焚烧诗稿

048 'He who sits thoughtful in a twilight grot'
049 他坐在幽暗的洞穴里沉思

050 'There are who say we are but dust'
051 有人说我们不过是尘埃

052 Life's Romance
053 生活的浪漫史

054 'Death stands above me'
055 死神站在我头顶

056 The Georges
057 乔治王朝

060   The Duke of York's Statue

061   约克公爵塑像

 年轻时唱过的歌谣甜美动听
Sweet Was the Song That Youth Sang Once

064   Rose Aylmer

065   罗丝·艾尔默

066   'Thou hast not rais'd, Ianthe'

067   你在我心上，伊安忒

068   Past Ruin'd Ilion…

069   仙去的伊利昂……

072   'From you, Ianthe, little troubles pass'

073   伊安忒，小小纷扰，会离你而去

074   'Remain, ah not in youth alone'

075   哦，请别仅停留在青春年代

076   'Mild is the parting year'

077   离别那年温馨甜美

078   To a Painter

079   致画家

080   To Miss Rose Paynter on Seeing Her Sit
        for Her Portrait

081   观罗丝·佩因特小姐画像坐姿有感

082   What News

083   什么消息

084   'Tell me not things past all belief'

085   请别告诉我过往的事情都可信

086   'O friends !'

087   哦，朋友！

088   'The leaves are falling'

089   叶落纷纷

090   In Memory of Lady Blessington

091   纪念布莱辛顿夫人

096   'Sweet was the song that Youth sang once'

097   年轻时唱过的歌谣甜美动听

098   March 24 1854

099   1854 年 3 月 24 日

100   'My guest !'

101   我的宾客！

102   'Why, why repine, my pensive friend'

103   为什么抱怨，我忧郁的朋友

104   'Well I remember how you smiled'

105   我清晰地记得你怎样微笑

106 Proud Word You Never Spoke...
107 你从未说过骄傲的话语……

108 You Smiled, You Spoke...
109 你的微笑，你的语言……

110 From *Appendix to the Hellenics*
111 《希腊风情附录》节译

114 From *To the Reverend Cuthbert Southey*
115 《致卡斯伯特·骚塞牧师》节译

116 To a Fair Maiden
117 致一位美丽的姑娘

118 The Grateful Heart
119 感恩的心

120 Memory
121 记忆

 给蜻蜓的诗句
Lines to a Dragon Fly

126 Progress of Evening
127 夜色渐浓

128 'Smiles soon abate'

129 微笑很快消失

130 Lines to a Dragon Fly

131 给蜻蜓的诗句

132 'We hurry to the river we must cross'

133 我们匆匆赶到必须渡越的河畔

134 'Naturally, as fall upon the ground'

135 自然而然地，仿佛坠落地面

136 'In spring and summer winds may blow'

137 春夏时节风儿乍起

140 'Night airs that make tree-shadows walk'

141 夜色令树影移步

142 'The brightest mind, when sorrow sweeps
across'

143 最明亮的心灵，当悲哀掠过

144 'Ten thousand flakes about my windows
blow'

145 万千雪花在我窗边飘荡

146 Separation

147 分割

148 'Is it not better at an early hour'

149 这样的清晨是否更加惬意

150 'Lately our poets loiter'd in green lanes'

151 近来我们的诗人常在绿色小道漫步

152 Destiny Uncertain

153 命运无常

154 'Ye who have toil'd uphill to reach the
     haunt'

155 你艰难地爬上坡顶

158 'When the mad wolf hath bit the scatter'd
     sheep'

159 当疯狂的野狼撕咬四散的羊羔

160 'Come forth, old lion'

161 出来吧，老狮子

162 'The cattle in the common field'

163 牛羊在公共田地

164 A Quarrelsome Bishop

165 爱争辩的主教

166 'What bitter flowers surround the fount of
     Pleasure'

167 多么苦涩的鲜花环绕着快乐的源泉

168   'The scentless laurel'

169   幽香散尽的月桂树

170   Fæsulan Idyl

171   菲耶索莱田园诗

176   The Fæsulan Villa

177   菲耶索莱庄园

180   Farewell to Italy

181   告别意大利

 善良的灵魂哟

Kind Souls

186   From Sappho

187   萨福诗歌选译

188   From Alcaeus

189   阿乐凯奥斯诗歌选译

192   On a Quaker's Tankard

193   致贵格会的大酒杯

194   From Mimnermus

195   弥涅墨斯诗歌选译

198   From Moschus

199   莫斯霍斯诗歌选译

200   On Catullus

201   卡图卢斯

202   ' 'Twas far beyond the midnight hour'

203   午夜时分已过大半

206   A Sensible Girl's Reply to Tom Moore

207   一位理智女孩对托马斯·莫尔的回答

208   On a Poet in a Welsh Church-yard

209   在威尔士教堂一位诗人墓地

210   A Friend to Theocritos in Egypt

211   一位朋友致远在埃及的忒奥克里托斯

214   Milton

215   弥尔顿

216   To Burns

217   致彭斯

218   To Robert Browning

219   致罗伯特·勃朗宁

222   On Southey's Tomb

223   在骚塞墓前

回来吧，你漂泊的缪斯
Come Back, Ye Wandering Muses

226   Proem

227   序诗

230   Dirce

231   狄耳刻

232   Corinna to Tanagra

233   科林娜致塔纳格拉

238   Cleone to Aspasia

239   克雷欧妮致阿斯帕齐娅

242   'In Clementina's artless mien'

243   克莱门蒂娜的纯真颜华

244   'On love, on grief'

245   在爱情里，在悲哀中

246   'Demophilè rests here'

247   德莫菲尔在此憩息

248   'The mermaid sat upon the rocks'

249   美人鱼凝坐岩崖

250   Leontion on Ternissa's Death

251   利翁蒂姆哀叹特尼莎之死

252   'Why do I praise a peach'

253   我为什么要把桃子赞扬

256   Invocation to Sleep

257   祈求入眠

附录

解读兰多

262   论兰多的短诗
        亚当·罗伯茨 著 / 卢芬芳 译 / 刘守兰 审订

298   《兰多百首诗集》前言
        莫里斯·克雷格 著 / 孙昊 译

309   史文朋论兰多
        阿尔格农·查尔斯·史文朋 著 / 倪雨亭 译

313   在爱情里，在悲哀中
        ——为什么兰多的经典警句是简练的典范
        罗伯特·平斯基 著 / 倪雨亭 译

316   译后记

只要我活着，就一直特立独行

刘守兰

沃尔特·萨维奇·兰多（Walter Savage Landor），英国19世纪著名散文作家和诗人，一位和华兹华斯（William Wordsworth）、拜伦（George Gordon Byron）、雪莱（Percy Bysshe Shelley）、济慈（John Keats）等著名浪漫主义诗人同时代的才情诗人和作家，在历史的青灯缥缃之中沉睡了数百年之久，终于带着其丰厚的作品重现诗坛。兰多一生置身于时代潮流之外，倾其毕生精力于古典主义文学的传承，以一种无可模仿的纯净风格扬名文坛，受到许多著名诗人和评论家的高度赞扬，T. S. 艾略特（Thomas Stearns Eliot）将兰多定义为"19世纪上半叶最杰出的诗人之一"，埃兹拉·庞德（Ezra Pound）甚至将他视为介于蒲柏（Alexander Pope）和勃朗宁（Robert Browning）之间最重要的英国诗人。

然而，对于广大爱好诗歌的中国读者来说，兰多似乎是个陌生的名字，关于他的诗歌，或许仅停留在著名翻译家杨绛先生精心迻译的那一首短诗：

> 我和谁都不争，
> 和谁争我都不屑；
> 我爱大自然，
> 其次是艺术；
> 我双手烤着生命之火取暖；
> 火萎了，
> 我也准备走了。

　　翻阅尘封的缥缃，我们看到一位阅历饱满、学问博洽、才情横溢的诗人和散文作家，生逢浪漫主义的鼎盛时期，却一生踟蹰于主流文学华贵殿堂的边缘，如果说，浪漫主义诗人主张用主观想象力来超越现实，用飘忽模糊的审美去替代理性思维，那么兰多则更倾向于用坦诚的态度、理智的思维和清晰的画面去表现客观现实，写出有别于浪漫主义文学的诗歌精品。如果读完拜伦或雪莱的诗歌后，再去诵读兰多的诗歌，就会感觉宛若从火山之巅跌落极地的冰流之中。

兰多是一位出色的散文作家，最著名的散文作品是《臆想对话》(*Imaginary Conversation*, 1824)，他在作品中神游旧人，浮游典籍，凭借对古希腊和古罗马文化的丰厚积淀，创作出古代贤哲和现代名人之间近150次对话。他同时也是一位杰出的诗人，20岁时创作出激情澎湃、纯熟流畅的长诗《格比尔》(*Gebir*, 1798)，其他著名的诗歌作品还有《伯里克利和阿斯帕齐娅》(*Pericles and Aspasia*,1836)、《古希腊人》(*Hellenics*, 1847)和诗剧《朱利安伯爵》(*Count Julian*, 1812)等。此外他还留下大量脍炙人口的短诗，在这些诗歌中，他歌颂爱情，思考人生，描绘自然和乡村，展现古希腊和古罗马文化的迷人风采，完美地将智慧和温情融于一炉。本书选译的正是他写于创作后期的部分短诗。

兰多出生于英格兰中部的华威郡，父亲是医生，父母均出身名门，家境优渥。兰多自幼受到良好的学校教育，曾在著名的拉格比公学和牛津大学三一学院求学，却均因其叛逆的个性和火爆的脾气，加之不时违反校规、无视校方管理而被勒令退学，最后甚至被逐出家门。他一生都在争吵中度过，和父母、妻子、邻居、律师以及一切和他意见相左的人们争吵，他的好友、著名英国作家狄更斯（Charles Dickens）曾以他为原型，在其小说《荒凉山庄》（*Bleak House*，1852—1853）中刻画了具有同样个性的人物鲍索恩（Lawrence Boythorn）。

然而，兰多却也有温柔仁厚的一面。他渊博的学识、过人的智慧、风趣的谈吐、天生的英雄气概、强烈的幽默感和同情心以及和各国名人的广泛交往，使他赢得许多文坛名家的珍贵情谊。著名英国作家托马斯·卡莱尔（Thomas Carlyle）曾这样描述他：高大、魁梧、壮实、一头银发、骄傲、易怒，却坦率真诚、慷慨大方，有尊严，有贵族气派。骚塞（Robert Southey）、柯勒律治（Samuel Taylor Coleridge）和兰姆（Charles Lamb）等著名作家和诗人都是他的挚友，他们喜欢他雷鸣电闪般的话语和真诚爽朗的笑声，喜欢他的不耍花招、不说教、不显摆、不装模作样的处事方式。正是由于好友们的热诚相助，才使得骄纵任性的他在凉薄的际遇中感受到温暖的友情，在势不可挡的浪漫主义大潮中，坚持自己的诗歌创作理念，在群星荟萃的19世纪英国文坛粹然耸立，蔚然成一名家。

和同时代的浪漫主义诗人一样，兰多也热爱自然和乡村，他的许多诗歌以英国巴斯和意大利佛罗伦萨为背景，因为他在那里度过了漂泊一生的大部分时光。然而，这些诗歌的风格和同时代浪漫主义作品却迥然相异，如果说浪漫主义诗人崇尚想象力，主张通过想象去重塑自然，使之升华到一个来去无踪，飘忽不定的完美新境界，那么兰多则更注重现实情景的描述和重现。兰多诗歌中也有如画的风景，粼粼碧海，潺潺小溪，依依垂柳，灼灼桃花，巴斯暖阳下翠绿的群山和雨雾中绽放的带刺的玫瑰，佛罗伦萨湛蓝天空下杏红的老房子和青翠的橄榄园，一切都是兰多身临其境的现实画面，生机勃勃的画面上还总有鲜活人群的动态景象。

> 不久忘却的面纱不断向纵深铺散
>
> 遮住了你视野里村民聚居的山脉，
>
> 那些快乐的，自豪的，而有爱的人们在呼喊，
>
> 那遥远的年代里唯有你我同在。

在兰多的诗歌中，我们可以看到忙碌在田野和果园里的收获者和摘苹果的姑娘们，也可以看到兴高采烈地在海边挖沙的孩子们；有鲜花般的儿童，也有饱经风霜的老人；有轻歌曼舞的小伙子和姑娘们，也有围坐火塘彻夜交谈的老友；有明月清辉下为大家恭送

晚安的挚友，也有在冬日暖阳的橄榄树下快乐相聚的伙伴。青山绿岭，碧海蓝天，无不可见一闪一烁的人文剧情。这和浪漫主义诗歌中一以贯之的缥缈仙界和无人之境有着明显的区别。

兰多也在诗歌中讴歌爱情和友谊。然而他的爱情诗歌和同时代的浪漫主义诗人的作品也迥然有异。浪漫主义诗歌的画面通常是宁静、唯美而朦胧的，除了拜伦的《她走在美的光彩中》(*She Walks in Beauty*) 等少数诗歌之外，浪漫主义爱情诗歌所展示的画面大多来自诗人无限丰富的想象世界，以华兹华斯的《露西组诗》(*The Lucy Poems*) 为例，全诗以露西为主人公，然而对她却几乎没有一句正面描写。诗人仅以玫瑰、紫罗兰、星星为比喻，把露西置于一种若隐若现的神秘光芒之中，带着朦胧的理想化色彩和模糊的不确定性。关于露西的真实身份，评家各抒己见，至今尚无定论。相比之下，兰多的爱情诗歌展现的却是一幅幅清晰明亮的人物描摹，那些曾经令他怦然心动、曾赋予他无限灵感和激情的女子，或秀慧，或恬淡，或矜贵，或温厚，都以清晰可见的形象跃然纸上，而且每一位都有真名实姓。或许正是因为兰多惯于毫不掩饰地把本人经历融入诗歌，才更加激发起今天读者的好奇和兴趣。

青年时代的兰多在负气离家后曾在南威尔士的斯旺西居住，在那里他结识了艾尔默勋爵（Lord Aylmer）一家，并爱上其妹妹罗丝（Rose Aylmer），罗丝曾把一本英国作家克拉拉·里芙（Clara Reeve）的小说《浪漫的进程》（*The Progress of Romance*，1785）借给他，其中的一则故事《埃及王后夏洛巴的历史》（*The History of Charoba，Queen of Egypt*）激发了他日后创作长诗《格比尔》的灵感。1798年，弱冠之年的兰多发表了其成名作《格比尔》，作品问世后获得不少诗人和评论家的盛赞，英国著名评论家西德尼·科尔文（Sidney Colvin）甚至认为《格比尔》足以和弥尔顿（John Milton）的作品相媲美，并指出作品中的磅礴大气是华兹华斯和柯勒律治所不具备的。而罗丝则在其父亲去世、母亲改嫁后远渡重洋，投靠其远在印度的姨妈，两年后不幸死于霍乱。兰多在听闻噩耗后声泪俱下地为她写下著名的短诗《罗丝·艾尔默》（*Rose Aylmer*）。

啊，是什么把这权杖一族护佑，

啊，身姿宛若天仙！

贤良淑德，仪态万千！

　　罗丝·艾尔默，你坐拥这所有。

罗丝·艾尔默，这无眠的双眼，

　　为你哭泣，却永难再相见。

彻夜的回忆和哀叹，

　　我全都奉献给你。

　　诗人仿佛漏夜重温袅袅不散的往事，简丽灵动的线条勾勒出心中女神风致嫣然的形象，那些静好的绵绵岁月历历在目，而如今却墓草离离，昔时言笑皆成梦影。

　　兰多曾在充满田园风光的英国古典优雅小城巴斯度过很长一段时间，1802年，时年28岁的他在那里邂逅索菲亚·简·斯威夫特（Sophia Jane Swift），尽管当时她已有婚约，兰多仍然大胆热烈地追求她，他称她伊安忒（Ianthe），希腊语意为紫罗兰花，而英语也有"我和你"的意思（I-and-thee），并为她写下许多动人的诗歌。1831年，兰多出版了一本汇集《格比尔》《朱利安伯爵》以及其他诗歌的诗集，其中有31首诗是献给伊安忒的。伊安忒对兰多的人生有着十分重要的影响，两人之间的感情也随着年深日久愈发浓烈，持续了近50年之久。在伊安忒去世后，兰多也同样写下动人的悼诗，寄托他的哀思。

> 你在我心上，伊安忒，激起了
>
> 任何人不曾有过的欲望，
>
> 如今引领我前进的，不再是沼泽火焰，
>
> 也不再是徘徊的流星，而是高贵神圣的光芒：
>
> 倘若你使我浑身冰凉，恰如寒气之于你，
>
> 当我靠得太近，太大胆地凝视你，
>
> 你用比白昼更圣洁的光亮，冰冷了
>
> 嫣红的晨曦，和无数春日的星星。

此外，兰多也为他的姐姐和孩子们写诗。1854年，与他感情深厚的姐姐伊丽莎白谢世，兰多为她写下动人的悼念诗歌。遗憾的是兰多从未为他妻子写过诗歌。1811年5月，他和妻子朱莉亚·蒂利耶（Julia Thuillier）相识于巴斯的一次舞会上，当时的朱莉亚17岁，尽管身无分文，无才无德，然而她秀丽出众的外貌，尤其是一头漂亮的金发却使兰多一见倾心，两人相识一月后便仓促成婚。然而朱莉亚并不是理想的妻子，她既缺乏文化教养，也不具备传统妻子所具备

的温淑贤良。她和兰多结婚主要是想获得金钱和地位，然而桀骜不驯、喜怒无常的兰多显然缺乏理财的能力和混迹社会的世故，在不断爆发矛盾和争吵后，这段不幸的婚姻在1835年告终。尽管如此，朱莉亚还是让兰多有了四个可爱的孩子，并享受了一段平静而温馨的家庭生活。

兰多的短诗中有相当一部分是感悟人生的，其中最为著名的就是杨绛先生精心迻译的《我不与人争》。诗歌语言如话家常，却字字从肺腑镂出，自然而深刻，平淡中寄寓真淳。他仿佛总是在寂静清幽的深宵良思驰想，翻看一张张泛黄的旧照片，在断瓦残垣中辨认亲人的泪痕和笑靥，在久远的记忆中重温那些温煦的邂逅，萍飘的恩遇，年华的遗韵和聚散无常的人生。

夜色涌来，
　　染黑了相框里我的旧照，
青春少女和皱纹老太
　　如今俨然合在一道。

诗句恬淡中透着沧桑，飘着凄凉，不作深语，却语语如歌，声情沁骨。他感叹飞逝的岁月和漫随流水的世事，在沉思中想象自己逐渐老去的景象。

> 二十年后我的双目
> 即便不十分，却也已模糊，
> 而你的明眸也从众人纷说中恍悟
> 二十年韶光已过。

平远朴实的文字中蕴藏着无字的故事，藏着依恋，藏着不甘，藏着天涯，令人久读不厌。

同时代的浪漫主义诗人也在诗歌中融入思考，感悟人生，然而在他们看来，诗人必须回归自然，与自然融为一体，才能静心思考，挖掘人生的意义和生命的真谛。不论是如云霞般独自飘荡徘徊的华兹华斯，或是如夜莺般歌唱于幽暗树林的济慈，还是如西风般横扫一切、呼唤春天的雪莱，都必须在人与自然和谐共处的优美纯净的画卷中方能恢复宁静的心境，在诗歌中抒发郁积的情感和思考。可以说，自然界的山水是浪漫主义诗人情感的载体。

相比之下，兰多的思考却无须借助大自然，他仿佛总是在经历了生命中的大喜大悲之后，借用眼前的人与事烘托心中的思考和感触，在平实的文字中步入那些不忍细说的久远往事，在诗歌中经天纬地编织个人悲欣，诉说家国阴晴。城郭如故，明月依旧，然而却再也听不到归人跫然的足音。他似乎刻意远离19世纪上半叶的各种文学潮流，在他的诗歌中几乎看不到浪漫主义诗人对"回归自然"的渴求，尽管他也充满激情，善于抒发感情，然而他的诗歌却依然客观理性，充满了对悠悠往事慎独和深稳的思考。

兰多自幼钟情古希腊古罗马文学，少年时代在拉格比公学的学习使他精通拉丁语，他的许多诗歌用拉丁语写作，这在19世纪的英国作家中是极为少有的。他自幼通读柏拉图著作原文，在85岁高龄依然能用希腊语高声诵读《奥德赛》（*Odysseia*）。他在临终前曾写下这样的话："《奥德赛》和《伊利亚特》（*Iliad*）永久地在我脑海中流动，大半个世纪过去，我脑袋中似乎没有空间能装下其他东西。"除了荷马（Homer），兰多也十分崇拜品达（Pindar）、埃斯库罗斯（Aeschylus）和索福克勒斯（Sophocles）等古希腊诗人。他觉得自己和品达气质相近，那是一种与生俱来傲视群雄的气概和简洁流畅的文风，兰多的作品充分反映出这一倾向。他仿佛总是栖迟于古希腊神话的仙境中，如数家珍地把神话故事娓娓道来，丰厚的积淀使他悠然徜徉于古希腊文化的浩瀚学海中，随手征引，旷远绵渺，古趣盎然。

回来吧，你漂泊的缪斯，回家吧，
你似乎已经忘了家乡在何方；
回来吧，让我们行走在寂静的西摩伊斯河的沙滩上，
那里深陷的脚印显示曾经的流星大步；
从那里我们或许能爬到更高的地方，
那是阿佛洛狄忒从雅典娜手中赢取
金苹果的地方，也是从这里，
阿瑞斯欢快地在遥远的山下大声高呼。

兰多一生悠游于古希腊和古罗马琳琅满目的文化长廊中，他不仅醉心于欣赏那里林林总总的珍稀物品，而且也钟情于古希腊普通民众的日常生活。他总是用细致入微的观察和素朴端凝的文字，带领读者步入古希腊和古罗马的寻常巷陌；又如一位资深的向导，引导读者走进那里的崇岳广川，去欣赏那里如画的景色。

塔纳格拉！别以为我已经遗忘

你有着美丽传说的街巷：

请相信我的记忆徜徉在

清澈的瑟摩敦河……

　　纵观同时代的浪漫主义诗人，很少有人像兰多那样醉心于描述古希腊的真实景色。尽管浪漫主义诗歌中也时而出现古希腊元素，以济慈为例，他深厚的古希腊情结在同时代诗人中可谓首屈一指，然而在他著名的《希腊古瓮颂》（*Ode on a Grecian Urn*，1819）中，激发他无限情思的却是那一尊默然无声的希腊古瓮，诗人从古瓮上雕刻的静态画面中产生心灵感动和丰富想象，复活了古瓮上的图案，铺叙出一个如花的故事。而兰多诗歌所呈现的却是真实的希腊古国的盛衰圆缺和真实的民众生活及理想。如果说济慈像一只蜜蜂，辛勤地采摘古希腊的鲜花为自己酿蜜，那么兰多则如绵绵春雨，不断渗透到古希腊的土壤中，为鲜花的绽放提供滋养，而他本人也渐渐融入其中，变成鲜花的一部分。细读两位诗人的作品，没有人会觉得济慈的《恩底弥翁》（*Endymiōn*，1818）出自古希腊或古罗马诗人之手，然而兰多的一些诗歌，却有人认为是从纸莎草中发现的古希腊或古罗马诗人的诗歌片段。

兰多还翻译了许多著名古希腊诗人的诗歌，如萨福（Sappho）、阿乐凯奥斯（Alcaeus）、弥涅墨斯（Mimnermus）和卡图卢斯（Catullu）等人的作品，经过他的译介，不谙希腊语的英语读者得以领略古希腊大师们的风采。他以一生对古希腊文化的至诚热爱，幽幽承传了一脉薪火。纵观兰多的作品，他对古罗马文化似乎更为精通，而心中却始终充满对古希腊文化的坚贞与热忱。古希腊情结仿佛是他生命的一部分。在如火如荼的浪漫主义热潮中，他始终在心中保留着一个安静的角落，在那里点燃祭奠古代神明的烛火，用古罗马孩子的喇叭，吹奏出纯粹的古希腊笛音。

对于兰多的诗歌作品，评论界褒贬不一，兰多本人曾说："诗歌是我的消闲，而散文则是我的学业和志业。"诗人一句随意说出的自谦的话，多年来却一直被不加鉴别地误读，于是，一些评论家只肯定了他"六七首完美的抒情诗歌"，或是"几十首精美诗歌"，却完全忽略了其诗歌成就的全貌。这样的倾向导致了兰多的诗歌长期以来得不到应有的重视和评价。英国著名诗人、评论家杰弗里·格里格森（Geoffrey Grigson）曾在1964年断言，在过去的50年中，和兰多作品数量及质量相同的诗人中，兰多所受到的关注是最少的。

究其原因，或许是由于他出身世家的孤傲和清贵，他时常以居高临下的态度，在其散文作品中夹杂他对当时文坛的评论。尽管有些观点鞭辟入里，深刻透彻，却因带着严重的偏见而显得怪异、不合群，以致引起读者的不满。比如他对弥尔顿顶礼膜拜，却严重低估了但丁（Dante Alighieri）的文学成就；他固执地认为布莱克（William Blake）和米尔恩斯（Richard Monckton Milnes）是最伟大的诗人，却毫无理由地贬低斯宾塞（Edmund Spenser）的作品；他认为司各特（Walter Scott）的叙事长诗《玛密恩》（*Marmion*）比拜伦和华兹华斯的所有作品都更为优秀，其中对战争场面的描写甚至能与荷马媲美。而兰多著名的《臆想对话》也因其深奥的内容和迷宫般的词句，令大众读者望而却步。此外，他一贯坚持的古典主义所崇尚的崇高宏丽的风格和简洁准确的用词，由于对形式方面过分纯粹的追求，常使评论家们认为是矫揉造作，因而忽视了他作品的文化深度和丰富内容。如果少几分傲气，说不定他还能倾动流辈，逍遥跌宕于英国文坛。然而少了那几分锋芒与棱角，我们今天所看到的兰多或许就是一位缺乏个性的平庸文人。

　　或许，他的鲜为人知是因为他诗文生僻的主题和尚古的风格都不符合大众读者的欣赏品位。即便涉猎欧洲古典文学主题，他的诗歌风格和拜伦、济慈、阿诺德（Matthew Arnold）以及丁尼生（Alfred, Lord Tennyson）等人的古希腊诗歌神话主题作品也截然不同，他仿佛在用波斯语写作，文字生涩坚硬，古奥难解。然而，与他同时代的作家却能发现他作品中蕴含的绵渺博厚的文化传统和难以承继的古典遗韵。雪莱一直阅读兰多的诗歌；兰姆也总是摘引他的小诗《罗丝·艾尔默》；骚塞对兰多的《格比尔》和《朱利安伯爵》的赞美更是无以复加，但他的褒奖却常因两人间的深挚情谊而被认为有溢美之虞。然而素与兰多交往不深的雪莱也同样喜爱《格比尔》，据雪莱的传记作家霍格（Thomas Jefferson Hogg）的说法，雪莱经常高声朗读《格比尔》片段，即便有要事在身，也依然念念不忘。华兹华斯在给兰多的信中曾说，比起同时代的任何一部文学作品，他更愿意诵读兰多的诗歌。史文朋（Algernon Charles Swinburne）对《朱利安伯爵》的赞美更是无出其右，他认为这是介于弥尔顿的《力士参孙》（*Samson Agonistes*）和雪莱的《解放了的普罗米修斯》（*Prometheus Unbound*）之间最耀眼的作品，德·昆西（Thomas De Quincey）甚至声称该作品出于埃斯库罗斯之手。艾略特钦佩他在工业化时代对遭受禁锢的人文主义的执着坚持，叶芝（William Butler Yeats）赞美他以激情和智慧创作出的宁静经典的艺术作品。而大西洋彼岸的庞德则认为，兰多的作品展现出从古希腊和古罗马到启蒙运动的整段历史，通过他本人一直延伸到现代主义时代甚至更远。他称兰多为"硬派诗歌"大师，认为他在情感和技术细节方面的精微把控尤为出色。

文坛大家们的盛赞充分肯定了兰多的文学成就，或许，只有如这些著名诗人那样真正喜爱纯文学的读者才会欣赏他的作品，兰多带有古罗马风格的诗文气势宏大，纯粹干净，无可比拟，也无可模仿。如果读者不具备满腔热忱和敏捷的目光，如果他们的学识不如他那样博大幽深，天资不如他那样聪明灵慧，就不可能发现他的诗中隐情和字里暗香，也无法追随他灵动的思维，领略他有典有故的情感。而对于大众读者而言，这样的诗歌风格显然超出他们的欣赏范畴，这或许部分解释了为什么他长期以来只能游走于主流文学的边缘，成为一位容易被人遗忘的小众诗人。或许，兰多就是天生为作家们而写作，为理解和欣赏他的人们写作。

兰多富有特色的漫长文学生涯深刻地影响了后辈诗人勃朗宁、丁尼生、哈代（Thomas Hardy）和史文朋，他们在19世纪英国文坛反传统的潮流中克服困难，逆流而上，坚持在文学作品中表现传统文化，其中以勃朗宁最为突出。由于和兰多私交颇深，两人的性格又有诸多相似之处，因而两人的诗歌风格较为接近。此外兰多还创造出一种形式短小的无韵体诗，有时甚至不用动词，这样的风格也影响了美国诗人庞德以及意象主义诗人。

很难想象，让这些文坛大家们如此感动的诗人却因其暴躁的性格和不断的琐事纷争而闻名欧洲。然而正是他不同寻常的个性，加之他宁折不弯的诗歌理念使他产生了巨大的人格魅力。英国作家利·亨特（Leigh Hunt）曾形容他"恰似一棵高大壮实的山松，树枝上却盛放洁白的百合花"。或许他怪诞的脾性也是一种财富，倘若他的性格和他的诗歌一样宁静和缓，水波不惊，那么他或许不会受到那么多读者的关注，他在菲耶索莱的寓所也不会成为当时文人们的"麦加"。他恰如文学界的普罗米修斯，从天上偷走了火种，在人间燃烧长达近90年的时光，他挥舞富有个性的大笔，不断尖刻地嘲讽侪辈诗人，并不时棱锋崭然地对一些文学作品发表富有挑战性的言论。他热爱意大利，心里却时刻惦念英国，一生处于矛盾和纠结之中。

兰多和妻子离婚两年后返回英国巴斯，回到他和伊安忒相识相爱的地方，并在那里居住了20年。在此期间，他结识了狄更斯、卡莱尔和勃朗宁等青年作家和诗人。对于这些把他奉为偶像的晚辈同仁，他总是给予客观真诚的鼓励和帮助，从不居功自傲，他也因此获得了这些朋友们终生的真挚友情。他同时也目睹了一生的挚友骚塞和挚爱伊安忒的离世，对亲友们的怀念使他把爱心转向他们的后代，他和罗丝·艾尔默以及伊安忒的后代们都长期保持良好的关系。

兰多生命的最后六年是在意大利度过的，他想和妻子重续前缘，却遭拒绝。身无分文的他在好友勃朗宁的帮助下，最后从兄长那里获得一笔生活费，得以在佛罗伦萨定居。即便在沉暮之年，他依然笔耕不辍，不休不懈。1864年5月的一天，兰多让房东太太关上灯，拉好窗帘，几个月后，他安然离世，享年89岁。他被葬在佛罗伦萨的英国墓地，静静地躺在好友勃朗宁夫人（Elizabeth Barrett Browning）的身边，一代名家悠悠然成了遥远的绝响。

可喜的是，近年来学界对兰多的关注有所增加，在最近的50余年中，多家出版社，其中包括权威的牛津大学出版社，重印了兰多的诗集、散文集、传记和书信集。有关评论兰多作品的著作也开始问世。继美国诗人、评论家罗伯特·平斯基（Robert Pinsky）的《兰多的诗歌》（*Landor's Poetry*，1968）后，英国作家亚当·罗伯茨（Adam Roberts）的《兰多之纯净——沃尔特·萨维奇·兰多研究》（*Landor's Cleanness：A Study of Walter Savage Landor*）于2014年由牛津大学出版社出版，该书的出版为兰多研究注入了新鲜的活力。罗伯茨从新古典主义以及兰多本人的道德品行及政治观点等方面的纯净性出发来审视其作品，提出了许多颇具独创性的观点。罗伯茨认为，兰多诗歌的纯净性由于多种复杂的原因而受到影响，比如他频繁发作的狂怒和一些粗俗的拉丁文诗歌为这种纯净性添加了不洁的成分，然而他那些富有独创性、结构紧凑、带有现代主义雏形却创作于浪漫主义时代的精品，也无可争辩地为他的纯净性增添了亮色。《兰多之纯净》是半个多世纪以来对兰多所有作品的综合评价，罗伯茨希望通过这样的尝试把兰多的名望恢复到他曾经有过的显要地位，并借此重新绘制19世纪英国浪漫主义和维多利亚时代的文学版图。他希望大众读者能知道兰多的存在，知道他是他那个时代的一位重要诗人和散文作家，既具有19世纪英国作家的鲜明特征，又和21世纪的文风有着惊人的关联。

兰多一生坐拥缥缃，不求闻达，他曾说："我并不索求文学界的地位，我特立独行，以后也这样。只要我活着，就一直特立独行。"生逢浪漫主义盛世，有着出众的禀赋和才情，却顶风逆浪独树一帜，在繁茂的百花园中开辟出一股清流，为19世纪文坛增添了一抹别样的色彩。他的这段话很容易令人联想起著名芬兰作曲家西贝柳斯（Jean Sibelius）的名言："当别的作曲家忙于调制五颜六色的鸡尾酒时，我仅提供一饮清水。我坚信黑白比彩色更能令人深思。"

兰多的诗歌须学，须识，须情。兰多的传记作家福斯特（John Forster）曾说，兰多的声名在等待中。确实如此，正如他的好友、诗人史文朋为他所写的悼诗《纪念兰多》（*In Memory of Walter Savage Landor*）所吟咏的：

你，他的佛罗伦萨，请你信任，

收下并存起，
安全地珍藏他呈献的埃尘，
还有他神圣的寝息。

爱你的人们，来自远地，
把你的姓名，
和无瑕的声望合为一体，
恰如晨星和暮星。

刘守兰

2021 年 6 月 15 日写于上海

我不与人争

I Strove with None

'I strove with none' [1]

I strove with none, for none was worth my strife:
   Nature I loved, and, next to nature, Art:
I warm'd both hands before the fire of Life;
   It sinks; and I am ready to depart.

1849

---

[1] 本书凡是加单引号的英文标题均取自诗歌正文第一行，不再赘述。——编注

我不与人争 [1]

我不与人争，因为无人值得我争斗：
　我爱自然，其次，艺术：
我烤着生命之火温暖双手；
　火要熄了，我也准备走了。

1849

---

1 本诗最初出现在诗人74岁寿辰之际给其好友、传记作家约翰·福斯特（John Forster）的书信中，诗歌以"一位老哲学家的临终之言"（*Dying Speech of an Old Philosopher*）为题，但是当他再次将该诗付梓出版时，又隐去了题目。后来的兰多诗集编辑们大多沿用他的第二种做法。

'Retire, and timely'

Retire, and timely, from the world, if ever
Thou hopest tranquil days;
Its gaudy jewels from thy bosom sever,
Despise its pomp and praise.
The purest star that looks into the stream
Its slightest ripple shakes,
And Peace, where'er its fiercer splendours gleam,
Her brooding nest forsakes.
The quiet planets roll with even motion
In the still skies alone;
O'er ocean they dance joyously, but ocean
They find no rest upon.

1846

归隐，及时归隐

归隐，及时归隐，远离尘寰，
如果你曾向往宁静的时光；
尘世俗艳的珠宝就会从你胸前断开，
无论多气派多辉煌。
最纯净的星星审视小溪，
溪水激起最小的涟漪，
而宁静，凡是强光照耀之地，
便会舍弃她沉思的小屋。
星体独自在寂静的夜空，
悄无声息地平稳翻滚；
它们在大海上空翩然起舞，然而大海
却不是他们的栖身之处。

1846

'Why do our joys depart'

Why do our joys depart,
For Cares to seize the heart?
I know not. Nature says,
Obey; and Man obeys.
I see, and know not why,
Thorn live and roses die.

1853

为什么欢乐总会离去

为什么欢乐总会离去，
而忧愁却在心头盘踞？
我不知道。造化下令，
听命；人便听命。
我目睹了，却不明白，
为什么玫瑰花落而刺还在。

1853

'Dull is my verse'

Dull is my verse: not even thou
Who movest many cares away
From this lone breast and weary brow
Canst make, as once, its fountain play;
No, nor those gentle words that now
Support my heart to hear thee say:
'The bird upon its lonely bough
Sings sweetest at the close of day.'

1846

我的诗歌枯涩无味

我的诗歌枯涩无味，即便是你
曾经从这孤独的心灵和疲倦的眉头
为我驱走许多忧愁，
如今已无法，让我一如从前，文思涌流；
不，即便是那些温柔的言词也无法
支撑我的心灵去倾听你的诉说：
"栖身孤枝的小鸟
暮色中歌声最美。"

1846

'He who in waning age would moralize'

He who in waning age would moralize
With leaden finger weighs down joyous eyes;
Youths too, with all they say, can only tell
What maids know well:

And yet if they are kind, they hear it out
As patiently as if they clear'd a doubt.
I will not talk like either. Come with me;
Look at the tree!

Look at the tree while still some leaves are green;
Soon must they fall. Ah! in the space between
Lift those long eyelashes above your book,
For the last look!

1846

人到暮年喜好说教

人到暮年喜好说教，
沉重的手指压低了快乐的眼梢；
年轻人也一样，他们所说的事情，
女孩们早已烂熟于心。

但是如果他们宽容友善，把话听完，
耐心地，仿佛消除了心中疑团，
我也不会如此喋喋不休。跟我来吧；
看看这树！

看看这树，虽然还有绿叶几片，
却已行将枯萎。哦！在这荣枯之间，
请从书本抬起你长长的眼睫，
再投上最后一瞥！

1846

'Twenty years hence...'

Twenty years hence my eyes may grow
If not quite dim, yet rather so,
Still yours from others they shall know
   Twenty years hence.

Twenty years hence tho' it may hap
That I be call'd to take a nap
In a cool cell where thunder-clap
   Was never heard,

There breathe but o'er my arch of grass
A not too sadly sigh'd Alas,
And I shall catch, ere you can pass,
   That winged word.

1846

二十年后……

二十年后我的双目
即便不十分，却也已经模糊，
而你的明眸也从众人纷说中恍悟
　　二十年韶光已过。

二十年后，虽然可能
我会被召去打盹，
那小屋如此清冷，
　　那里永远听不到晴空霹雳。

青草拱顶传来阵阵呼吸，
"哎！"一声不太哀伤的叹息，
我将，在你走过之前，抓住
　　那个有翼的词语。

1846

'Various the roads of life...'

Various the roads of life; in one
All terminate, one lonely way.
We go, and 'Is he gone?'
Is all our best friends say.

1846

生命的道路千条万条

生命的道路千条万条，最终
归于，孤独的一条。
我们都要走，"他走了吗？"
我们最好的朋友都这样问道。

1846

Plays

How soon, alas, the hours are over,
Counted us out to play the lover!
And how much narrower is the stage,
Allotted us to play the sage!
But when we play the fool, how wide
The theatre expands; beside,
How long the audience sits before us!
How many prompters! what a chorus!

1846

剧

哎，真快，已到落幕时分，
情人的角色已把我们排除在外！
每次安排我们扮演英才，
那舞台竟然如此狭窄！
而当我们扮演傻瓜，那舞台
又变得如此宽敞；不仅如此，
观众竟在我们面前坐了那么久！
那么多提词人！何等的合唱队！

1846

'Fate! I have askt few things of thee'

Fate! I have askt few things of thee,
  And fewer have to ask.
Shortly, thou knowest, I shall be
  No more ... then con thy task.

If one be left on earth so late
Whose love is like the past,
Tell her, in whispers, gentle Fate,
Not even love must last.

Tell her, I leave the noisy feast
Of life, a little tired;
Amid its pleasures few possest
And many undesired.

Tell her, with steady pace to come
  And, where my laurels lie,
To throw the freshest on the tomb
When it has caught her sigh.

命运！我向你索求的不多

命运！我向你索求的不多，
　　必须索求的更少。
你知道，很快，我将化为乌有……
　　然后就去完成你的任务。

如果人被留在世上太久，
他的爱就如同过眼烟云，
告诉她，悄声地，温厚的命运，
即便是爱也不能天长日久。

告诉她，我离开了喧闹的盛宴，
生命的盛宴，有点倦怠；
少数人享有的贪欢，
许多人却并不期待。

告诉她，来时迈稳脚步，
　　向着我的荣耀歇息之地，
把最新鲜的月桂撒上坟墓，
当墓穴捕捉到她的叹息。

Tell her, to stand some steps apart
From others, on that day,
And check the tear (if tear should start)
Too precious for dull clay.

1838

告诉她，到了那天，要站在
隔着他人几步的地方，
要忍住眼泪（如果泪水开始流淌），
那泪水对于麻木的泥土太珍贵。

1838

我不与人争

'Idle and light are many things you see'

Idle and light are many things you see
In these my closing pages: blame not me.
However rich and plenteous the repast,
Nuts, almonds, biscuits, wafers, come at last.

1846

许多消闲轻松的东西你会见到

许多消闲轻松的东西你会见到
在我最后的几页里：请别怪我。
不论饭菜如何充足丰硕，
坚果，杏仁，饼干和威化总在最后上桌。

1846

我不与人争

Remonstrance and Reply

So then, I feel not deeply! if I did,
I should have seized the pen, and pierced therewith
The passive world! And thus thou reasonest?
Well hast thou known the lover's, not so well
The poet's heart. While that heart bleeds, the hand
Presses it close. Grief must run on, and pass
Into near Memory's more quiet shade
Before it can compose itself in song.
He who is agonised, and turns to show
His agony to those who sit around
Seizes the pen in vain: thought, fancy, power,
Rush back into his bosom: all the strength
Of genius can not draw them into light
From under mastering Grief; but Memory,
The Muse's mother, nurses, rears them up,
Informs, and keeps them with her all her days.

1851

抗议与回应

这么说，是我用情不深！如果刻骨铭心，
我本应抓起笔，立即用笔尖，
把这颓丧的世界捅破！你是否也有共鸣？
你熟悉爱人的心，却不明白诗人的心。
当那颗心淌着鲜血，请伸手
抚平他的伤口。悲哀会流淌，
会流入记忆更加宁谧的浓荫，
再把伤痛化成悲哀的歌唱。
饱经折磨的人，会转身，
向围坐的人们吐露悲伤，
提笔亦徒然：思考，幻景，力量，
涌回心上：即便天赋
竭尽全力，也无法把它们拉进亮光，
脱离笼罩一切的悲伤，然而记忆
诗的母亲，哺育、培养他们成长，
告诉他们，让他们和她共度余生时光。

1851

'There falls with every wedding chime'

There falls with every wedding chime
A feather from the wing of Time,
You pick it up, and say 'How fair
To look upon its colours are!'
Another drops day after day
Unheeded; not one word you say.
When bright and dusky are blown past,
Upon the herse there nods the last.

1853

每一次婚礼钟声响起

每一次婚礼钟声响起，
总有一片羽毛飘下时光之翼，
你把它捡起，说"看呀，
看这色彩多么美妙！"
又有羽毛日复一日落下，
无人关注；你一语不发。
当明亮和幽暗袅袅飘过，
最后一片羽毛飘落棺椁。

1853

A Funeral

A hearse is passing by in solemn state,
Within lies one whom people call the great.
Its plumes seem nodding to the girls below
As they gaze upward at the raree-show,
Boys from the pavement snatch their tops, and run
To know what in the world can be the fun.

1863

葬礼

灵车在庄严肃穆中穿行，
车里躺着的据说是位大人物。
车饰羽毛仿佛在和下面的女孩点头示意，
她们正抬头观看街头表演，
人行道上的男孩夺过她们的帽子，然后奔跑，
想知道这世界究竟有啥乐玩。

1863

'Leaf after leaf drops off'

Leaf after leaf drops off, flower after flower,
Some in the chill, some in the warmer hour:
Alike they flourish and alike they fall
And Earth who nourisht them receives them all.
Should we, her wiser sons, be less content
To sink into her lap when life is spent?

1853

落叶纷飞

落叶纷飞，残花凋敝，
在或寒或暖的时分里：
花开花败，盛衰无异，
滋养它们的大地悉数收下。
我们，她更睿智的儿孙，当生命
已耗尽，落入她膝下，又会有何怨艾？

1853

'All is not over'

I Strove with None

All is not over while the shade
  Of parting life, if now aslant,
Rests on the scene whereon it play'd
  And taught a docile heart to pant.
Autumn is passing by; his day
  Shines mildly yet on gather'd sheaves,
And, tho the grape be pluckt away
  Its colour glows amid the leaves.

1853

一切都未终止

一切都未终止，
　　当离别生活的阴影，即便倾移，
依然弥留在它惯常玩耍的故址，
　　教会那颗柔顺的心如何喘息。
秋意阑珊；他的白天
　　温柔地铺撒在草垛上方，
虽然葡萄已经摘完，
　　那色彩依然在绿叶中闪亮。

1853

Age

Death, tho I see him not, is near
And grudges me my eightieth year.
Now, I would give him all these last
For one that fifty have run past.
Ah! he strikes all things, all alike,
But bargains: those he will not strike.

1853

年龄

死亡，虽然尚未谋面，却近在身边，
它妒忌我的八十华诞。
今天，我愿倾尽余生所有，
只求换回刚过五十的年头。
哎！他杀生与夺，无一例外，
对于那些苟延残喘的：却可赦宥。

1853

Death of the Day

My pictures blacken in their frames
  As night comes on,
And youthful maids and wrinkled dames
  Are now all one.

Death of the day! a sterner Death
  Did worse before;
The fairest form, the sweetest breath
  Away he bore.

1858

死亡之日 [1]

夜色涌来，
　　染黑了相框里我的旧照，
青春少女和皱纹老太
　　如今俨然合在一道。

死亡之日！更加残忍的死亡
　　远比以往更甚；
最曼妙的身姿，最甘甜的气息，
　　统统被他掳去。

1858

_____

1　本诗发表于1858年，可能写于1854年。

To Age

Welcome, old friend! These many years
  Have we lived door by door:
The Fates have laid aside their shears
  Perhaps for some few more.

I was indocil at an age
  When better boys were taught,
But thou at length hast made me sage,
  If I am sage in aught.

Little I know from other men,
  Too little they from me,

致年龄

欢迎啊，我的老友！这么多年
　　我们一直毗邻而居：
命运三女神[1]已然放下刀剪，
　　或许我还能偷生数载。

我也曾桀骜不驯，
　　当好孩子们领受清诲，
而你却最终使我成为才俊，
　　如果我还能和才俊称配。

我对他人所知有限，
　　他们对我更不熟悉，

我不与人争

1　命运三女神（The Fates），源自希腊神话，她们是宙斯（Zeus）
和法律女神忒弥斯（Themis）的女儿。这三位掌管万物命运的女
神分别是克罗索（Clotho）、拉克西斯（Lachésis）和阿特洛波斯
（Atropos）。克罗索负责将生命线从她的卷线杆缠绕到纺锤上，二姐
拉克西斯负责用她的杆子丈量丝线，负责决定生命之线的长短，
最年长的阿特洛波斯是剪断生命线的人。正是她用她那"令人痛
恨的剪子"决定了人的死亡。命运三女神残酷、坚定、威严，即
使是天父宙斯也不能违抗她们的安排。

But thou hast pointed well the pen
That writes these lines to thee.

Thanks for expelling Fear and Hope,
One vile, the other vain;
One's scourge, the other's telescope
I shall not see again:

Rather what lies before my feet
My notice shall engage ...
He who hath braved Youth's dizzy heat
Dreads not the frost of Age.

1852

然而你却把笔锋磨尖，
　　让我写下这些诗行给你。

感谢你驱逐了恐惧和期盼，
　　前者邪恶，后者徒劳；
前者是皮鞭，后者是千里眼，
　　两者我都不会再看到。

眼下我所关注的事宜，
　　更希望仅躺在我的脚前……
曾经在青春烈焰中无所畏惧，
　　风霜之年我也绝不心惊胆寒。

　　　　　　　　　　1852

我
不
与
人
争

'Death indiscriminately gathers'

Death indiscriminately gathers
The flowering children and rough-rinded fathers:
His eyes are horny, thus he knows
No different color in the dock and rose.

1863

死亡不加区分地集结

死亡不加区分地集结
鲜花般的孩童和饱经风霜的父辈：
他双眼充满欲火，他终于理解，
酸模草和玫瑰花的色彩毫无差别。

1863

'Here lies Landor'

Here lies Landor

Whom they thought a goose,

But he proved a gander.

1878

这里躺着兰多

这里躺着兰多，

人们都以为他是母鹅，

而他却证实自己是公鹅。[1]

1878

---

[1] goose，母鹅；gander，公鹅，在英语中均有"傻瓜、笨蛋"之意。

Verses Why Burnt

How many verses have I thrown
Into the fire, because the one
Peculiar word, the wanted most,
Was irrecoverably lost.

1858

为什么焚烧诗稿

多少诗稿被我扔入火堆，
因为那一枚
特别的，最想捕获的词汇，
已然消失，无法挽回。

1858

'He who sits thoughtful in a twilight grot'

He who sits thoughtful in a twilight grot
Sees what in sunshine other men see not.
I walk away from what they run to see,
I know the world, but the world knows not me.

1863

他坐在幽暗的洞穴里沉思

他坐在幽暗的洞穴里沉思，
看到人们在阳光里看不到的东西。
我从他们追逐的东西中脱身，
我了解这世界，但世界对我却并不知悉。

1863

'There are who say we are but dust'

There are who say we are but dust,
  We may be soon, but are not yet,
Nor should be while in Love we trust
  And never what he taught forget.

1853

有人说我们不过是尘埃 [1]

有人说我们不过是尘埃，

　　或许我们不久将如此，但目前尚未，

笃信真爱的我们不至于此，

　　应该永远不忘他的教诲。

1853

---

[1] "你本是尘土，仍要归于尘土。"典出《旧约·创世纪》第3章19节，上帝将亚当与夏娃逐出伊甸园时对亚当说的话。上帝说此话是提醒亚当：他是用"地上的尘土"做成的，最终应该回归尘土。

Life's Romance

Life's torne Romance we thumb throughout the day:
Cast it aside: 'tis better this be done
Ere fall between its leaves the dust that none
  Can blow away.

1858

生活的浪漫史

我们整日翻阅一生的心酸浪漫史：
把它扔一边吧：最好这一切
在那粒无人能吹走的尘土
　掉入书页之前，都已结束。

1858

'Death stands above me'

Death stands above me, whispering low
  I know not what into my ear:
Of his strange language all I know
  Is, there is not a word of fear.

1853

死神站在我头顶

死神站在我头顶，喃喃低语，
　　我不知道耳朵里听进了什么：
我只知道他那陌生的话语里，
　　没有一个字是恐惧。

1853

The Georges

George the First was always reckoned
Vile, but viler George the Second;
And what mortal ever heard
Any good of George the Third?

乔治王朝 [1]

对乔治一世 [2] 的评语一直都是
邪恶，而对乔治二世 [3] 的则更邪恶；
有谁曾听说
对乔治三世 [4] 有何好话？

---

1 乔治王朝指英国乔治一世至乔治四世在位时期（1714—1830），
下启维多利亚时代。

2 乔治一世（George Louis，1660—1727），英国历史上一位特
殊的国王，自幼在德国汉诺威长大，54岁才因血缘关系入主英国。
由于不谙英语，他对英国内政不闻不问，因而极大地促进了英国
近代内阁制的发展。乔治一世终生都没有被其臣民认同为英国人，
而他本人也很少意识到自己是他们的同胞和国君。

3 乔治二世（George Augustus，1683—1760）和其父亲一样，
出生于汉诺威，自幼接受德式教育。但他即位时已对英国政治情
况有足够了解。1714年，30岁的乔治二世随同父亲来到英国，他
勤奋好学，说得一口流利的英语，热衷于政事。然而，乔治二世
即位后，依旧把大部分政事交由英国议会处理，被世人称为"老
是缺勤的国王"。

4 乔治三世（George William Frederick，1738—1820）是汉诺威
王朝中极具个性的一位国王。他既虔诚笃信国教，又拥有极为正
统的君主观念，反对改革，对北美殖民地的独立耿耿于怀，对法
国大革命更是深恶痛绝。乔治三世是英国近代史上受到批评和争
议最多的国王，被称为"暴君""伪善家和骗子"。

When from the earth the Fourth descended

(God be praised!) the Georges ended.

1855

I Strove with None

当乔治四世[1]从尘间坠落而去，
（赞美上帝！）乔治王朝结束。

1855

我
不
与
人
争

---

1 乔治四世（George Augustus Frederick，1762—1830），平生
沉醉于奢华生活，引领英国上流社会的潮流时尚，热衷支持新兴
的休闲、潮流和品味生活。他在位期间，大部分时间均由利物浦
勋爵担任首相并掌控政府。乔治四世于1830年6月26日驾崩，其
弟威廉即位为威廉四世。

The Duke of York's Statue

Enduring Is the bust of bronze,
And thine, O flower of George's sons,
Stands high above all laws and duns.

As honest men as ever cart
Convey'd to Tyburn took thy part
And raised thee up to where thou art.

1853

约克公爵塑像 [1]

永恒的青铜雕像
哦，你，乔治王子中的翘楚，
高高超越一切法律和债务 [2]。

淳厚的百姓一如既往地支持你，
乘坐马车把你运往泰本 [3]，
把你抬起，安放在你的宝座。

1853

1　约克公爵（The Prince Frederick，1763—1827）塑像位于圣詹姆士公园（St James Park），铜像安放在124英尺（约合37.8米）高宏伟的花岗岩柱子上。约克公爵是乔治三世的次子弗雷德里克亲王，曾担任拿破仑战争期间的英国陆军总司令。

2　因约克公爵的情妇玛丽·安妮·克拉克（Mary Anne Clarke）出售佣金，并承诺公爵会提拔购买者而传出绯闻，此事迫使公爵辞职。尽管下议院于1811年宣告他无罪，并批准其复职，但公爵去世时债台高筑，在当时沦为笑柄，据说高高的花岗岩柱子象征他逃避债主。虽然约克公爵在英国古老的童谣中被嘲笑为一个荒谬人物，但是，根据军事历史学家约翰·福特斯克爵士（Sir John Fortescue）的说法，他对军队的贡献比整个军队历史上任何一个人所做的都要多。

3　泰本（Tyburn），伦敦旧时的行刑场，在泰本河（River Tyburn）附近，泰本河流经圣詹姆士公园。

年轻时唱过的歌谣甜美动听

Sweet Was the Song That Youth Sang Once

Rose Aylmer

Ah what avails the sceptred race,
  Ah what the form divine!
What every virtue, every grace!
  Rose Aylmer, all were thine.
Rose Aylmer, whom these wakeful eyes
  May weep, but never see,
A night of memories and of sighs
  I consecrate to thee.

1806

罗丝·艾尔默

啊，是什么把这权杖一族护佑，[1]
　　啊，身姿宛若天仙！
贤良淑德，仪态万千！
　　罗丝·艾尔默，你坐拥这所有。
罗丝·艾尔默，这无眠的双眼，
　　为你哭泣，却永难再相见。
彻夜的回忆和哀叹，
　　我全都奉献给你。

1806

---

1 罗丝·艾尔默（Rose Aylmer），出身贵族家庭，是艾尔默勋爵的女儿，兰多因此称她为"权杖一族"。1795年，兰多在威尔士居住期间成为艾尔默勋爵的好友，并爱上其女儿罗丝。罗丝曾借给兰多一本英国作家克拉拉·里芙（Clara Reeve）的小说，此书激发起兰多的创作欲望，并在此后完成了史诗《格比尔》（*Gebir*, 1798）。罗丝在父亲去世、母亲改嫁后被送到印度的加尔各答姨母家寄养，20岁时因病去世。

'Thou hast not rais'd, Ianthe'

Thou hast not rais'd, Ianthe, such desire
In any breast as thou hast rais'd in mine.
No wandering meteor now, no marshy fire,
Leads on my steps, but lofty, but divine:
And, if thou chillest me, as chill thou dost
When I approach too near, too boldly gaze,
So chills the blushing morn, so chills the host
Of vernal stars, with light more chaste than day's.

1846

你在我心上，伊安忒 [1]

你在我心上，伊安忒，激起了
任何人不曾有过的欲望，
如今引领我前进的，不再是沼泽火焰，
也不再是徘徊的流星，而是高贵神圣的光芒：
倘若你使我浑身冰凉，恰如寒气之于你，
当我靠得太近，太大胆地凝视你，
你用比白昼更圣洁的光亮，冰冷了
嫣红的晨曦，和无数春日的星星。

1846

---

[1] 1802年，28岁的兰多在英国小城巴斯和索菲亚·简·斯威夫特（Sophia Jane Swift）邂逅，尽管索菲亚当时和一位远房表亲已有婚约，并在次年成婚，成为摩兰度伯爵夫人（Comtesse de Molandé），兰多依旧对她一往情深，他称她为伊安忒（Ianthe），希腊语意为紫罗兰花，并为她写下许多动人的诗歌，两人的情谊一直保持到1851年伊安忒去世，长达近半个世纪。

Past Ruin'd Ilion... [1]

Past ruin'd Ilion Helen lives,
　Alcestis rises from the shades;
Verse calls them forth; 'tis verse that gives
　Immortal youth to mortal maids.

Soon shall Oblivion's deepening veil
　Hide all the peopled hills you see,
The gay, the proud, while lovers hail
　In distant ages you and me.

---

1 本诗最初发表于1831年。1846年，诗人对诗歌作了大幅度修订，删去第三节，并重写第二节的最后一行。这里选译的是1831年的版本。

仙去的伊利昂······ [1]

仙去的伊利昂的海伦依然活着，
　　阿尔刻提斯 [2] 从幽暗中升起；
诗歌把她们唤醒；是诗歌
　　把永恒的青春交予凡间少女。

不久忘却的面纱不断向纵深铺散
　　遮住了你视野里村民聚居的山脉，
那些快乐的，自豪的，而有爱的人们在呼喊，
　　那遥远的年代里唯有你我同在。

1　伊利昂（Ilion），古希腊时代的特洛伊（Troy）。海伦（Helen）
是古希腊神话中众神之王宙斯（Zeus）和勒达（Leda）所生的女
儿，美貌冠绝古希腊。她和特洛伊王子帕里斯（Paris）私奔，引
发了长达十年的特洛伊战争。海伦的名字因此常与特洛伊联系在
一起。

2　阿尔刻提斯（Alcestis），古希腊色萨利地区斐赖之王阿德墨托
斯（Admetus, king of Pherae in Thessaly）的妻子，以对丈夫忠
贞不渝著称。在丈夫面临死亡的危难时刻，她毅然请死以代替丈
夫，后被大力神赫拉克勒斯（Hercules）从冥府救了回来。她的
故事因古希腊悲剧大师欧里庇德斯（Euripides）的剧作"阿尔刻
提斯"而广为流传，弥尔顿在其著名诗歌 *Methought I Saw My Late
Espoused Saint* 中也提到她，还有艺术家以她的故事为基础编写歌
剧和舞剧。

The tear for fading beauty check,
  For passing glory cease to sigh;
One form shall rise above the wreck,
  One name, Ianthe, shall not die.

1831

为凋谢的美貌洒下的泪水终于止住，

因为过去的荣耀已经停止叹息，

一个倩影将从废墟中冉冉升起，

那个芳名，伊安忒，永远不会被忘记。

1831

年轻时唱过的歌谣甜美动听

'From you, Ianthe, little troubles pass'

From you, Ianthe, little troubles pass
 Like little ripples down a sunny river;
Your pleasures spring like daisies in the grass,
 Cut down, and up again as blithe as ever.

1846

伊安忒，小小纷扰，会离你而去

伊安忒，小小纷扰，会离你而去，
　恰似微微涟漪沉入明媚的波光里；
你的快乐如跳跃不息的草丛雏菊，
　割下，依然破土生长，快乐如往昔。

1846

'Remain, ah not in youth alone'

Remain, ah not in youth alone,
Tho' youth, where you are, long will stay,
But when my summer days are gone,
  And my autumnal haste away.

'Can I be always at your side?'
No; but the hours you can, you must,
Nor rise at Death's approaching stride,
Nor go when dust is gone to dust.

1846

哦，请别仅停留在青春年代

哦，请别仅停留在青春年代，
虽然你正值芳华，韶光长在，
然而当我的夏日消逝，
　　秋天也将匆匆告辞。

"我是否能永远在你身旁？"
不，但只几小时，你可以且必须应允，
当死神大步走近，你不必起身，
当尘埃化作尘埃，也不必离去。

1846

'Mild is the parting year'

Mild is the parting year, and sweet
  The odour of the falling spray;
Life passes on more rudely fleet,
  And balmless is its closing day.

I wait its close, I court its gloom,
  But mourn that never must there fall
Or on my breast or on my tomb
  The tear that would have soothed it all.

1831

离别那年温馨甜美

离别那年温馨甜美，
　　落红的芬芳四处飘飞；
生命之舟急速航行，
　　谢世之日竟无人温慰。

我等待最后一刻，我寻求幽暗之处，
　　然而悲哀却从不恩降，
那抚慰一切的泪珠，
　　从未滴在我的胸膛，我的坟上。

1831

To a Painter

Conceal not Time's misdeeds, but on my brow
Retrace his mark:
Let the retiring hair be silvery now
That once was dark:
Eyes that reflected images too bright
Let clouds o'ercast,
And from the tablet be abolisht quite
The cheerful past.
Yet Care's deep lines should one from waken'd Mirth
Steal softly o'er,
Perhaps on me the fairest of the earth
May glance once more.

1838

致画家 [1]

请别掩藏时光的劣迹，且在我的额端
追寻他的印记；
让那日渐脱落的曾经的乌发
染上银灰；
让那曾经映照明艳身影的眼珠
蒙上云雾；
让快乐的过往
在碑石中消亡。
然而忧虑深深的褶皱
从唤醒的欢乐旁偷偷溜走，
或许这是世上最美容颜，
但愿能再多看一眼。

1838

---

1 本诗是兰多为爱尔兰肖像画家威廉·费舍尔所写。

To Miss Rose Paynter on Seeing Her Sit for Her Portrait

The basket upon which thy fingers bend,
Thou mayst remember in my Tuscan hall,
When the glad children, gazing on a friend,
From heedless arm let high-piled peaches fall
On the white marble, splashing to the wall.
Oh, were they present at this later hour!
Could they behold the form whole realms admire
Lean with such grace o'er cane and leaf and flower,
Happy once more could they salute their sire,
Nor wonder that her name still rests upon his lyre!

1840

观罗丝·佩因特 [1] 小姐画像坐姿有感

你玉指微拢搭着花篮，

我那托斯卡纳 [2] 的客厅你或许还能记起，

快乐的孩子们，凝视一位友伴，

蜜桃高高地在她臂弯里随意堆起，

掉在白色的大理石上，又弹到墙壁。

哦，但愿他们在这稍晚时分依然在此！

便能有幸一睹这誉满天下的曼妙身姿，

如此优雅地偎倚在树干、树叶和花朵之间，

他们再次快乐地向君王致敬，

难怪她的芳名依然憩息于他的里拉琴 [3]。

1840

---

1 罗丝·佩因特（Rose Paynter），兰多早年好友罗丝·艾尔默的外甥女。她曾在兰多位于菲耶索莱的盖拉尔代斯卡庄园（Villa Gherardesca）请画家费舍尔为其画像。

2 托斯卡纳（Tuscany），意大利文艺复兴的发源地，文化艺术遗产丰厚，风景如画。

3 里拉琴（lyre），古希腊人用的乐器，形状和音色与竖琴相似，现已消失，但其琴形在世界各地作为音乐的标志物被广泛使用。

What News

Here, ever since you went abroad,
If there be change, no change I see,
I only walk our wonted road,
The road is only walkt by me.

Yes; I forgot: a change there is;
Was it of that you bade me tell?
I catch at times, at times I miss
The sight, the tone, I know so well.

Only two months since you stood here!
Two shortest months! then tell me why
Voices are harsher than they were,
And tears are longer ere they dry.

1839

什么消息

这里，自从你远走他乡，
即便有变化，我也毫不知情，
我只漫步在我们熟悉的小路上，
如今仅我一人，踽踽独行。

哦，我忘了：有一个变化，
我是否要把这消息告诉你？
那景象，那情调，都如此熟悉，
我有时能逮住，有时却又错过。

仅两个月前你还玉立此地！
最短的两个月！请你告诉我，
为什么那声音比从前更尖厉，
那泪水也流得更久干得更慢。

1839

'Tell me not things past all belief'

Tell me not things past all belief;
One truth in you I prove;
The flame of anger, bright and brief,
Sharpens the barb of love.

1846

请别告诉我过往的事情都可信

请别告诉我过往的事情都可信；
在你身上我证实了一个真理；
愤怒的火焰，明亮而短暂，
却能磨尖爱情的荆棘。

1846

'O friends !'

O friends! who have accompanied thus far
My quickening steps, sometimes where sorrow sate
Dejected, and sometimes where valour stood
Resplendent, right before us; here perhaps
We best might part; but one to valour dear
Comes up in wrath and calls me worse than foe,
Reminding me of gifts too ill deserved.
I must not blow away the flowers he gave,
Altho' now faded; I must not efface
The letters his own hand has traced for me.
  Here terminates my park of poetry.
Look out no longer for extensive woods,
For clusters of unlopt and lofty trees,
With stately animals couch under them,
Or grottoes with deep wells of water pure,
And ancient figures in the solid rock:
Come, with our sunny pasture be content,
Our narrow garden and our homestead croft,
And tillage not neglected. Love breathes round;
Love, the bright atmosphere, the vital air
Of youth; without it life and death are one.

1846

哦，朋友！

哦，朋友！陪伴我直至今日的朋友，
我加快步伐，有时走向悲哀栖息之处，
黯然沮丧，有时前往勇气屹立之地，
灿烂辉煌，一切就在我们眼前；
或许我们最好就此别过；可是
一位高贵武士怒不可遏地走来，
声称我比敌人更加邪恶。
我不该让风吹走他赠送的鲜花，
尽管现已枯萎；我也不该委弃
他为我亲笔写下的书信。

而我诗园的大门自此砰然关上。
我不再关注无边的森林，
和那未曾修剪的高大树丛，
还有安卧树下庄严从容的动物，
或是蕴藏纯净山水的深井石窟，
以及覆埋先人遗骸的坚硬岩骨：
来吧，洒满阳光的草地令人欢畅，
还有窄窄的花园和自家的农场，
别忘了还有那些田地。四处都有爱的呼吸；
有了爱，就有明媚阳光，青春气息；
缺了它，生死便无差异。

1846

'The leaves are falling'

The leaves are falling; so am I;
The few late flowers have moisture in the eye;
So have I too.
Scarcely on any bough is heard
Joyous, or even unjoyous, bird
The whole wood through.

Winter may come: he brings but nigher
His circle (yearly narrowing) to the fire
Where old friends meet:
  Let him; now heaven is overcast,
  And spring and summer both are past,
And all things sweet.

1846

叶落纷纷

叶落纷纷；我亦然；
几株残红泪眼朦胧；
我亦然。
树枝上几乎听不清
快乐，或忧伤的鸟鸣，
整个树林一片寂静。

冬日将至：他带上
（逐年减少的）伙伴来到火塘，
那是老友聚会的地方：
　　随他去吧，眼下天空云雾四起，
　　春夏都已逝去，
万物香飘四溢。

1846

In Memory of Lady Blessington

Again, perhaps and only once again,
I turn my steps to London. Few the scenes
And few the friends that there delighted me
Will now delight me: some indeed remain,
Tho' changed in features ... friend and scene ...
  both changed!
I shall not watch my lilac burst her bud
In that wide garden, that pure fount of air,
Where, risen ere the morns are warm and bright,
And stepping forth in very scant attire,
Timidly, as became her in such garb,
She hastened prompt to call up slumbering Spring.
White and dim-purple breath'd my favorite pair
Under thy terrace, hospitable heart,
Whom twenty summers more and more endear'd;

纪念布莱辛顿夫人 [1]

再一次，也许仅只一次，
我转身前往伦敦。那些景物
那些朋友，曾经很少令我心动，
眼下却让我欣喜不已：有些依然还在，
却容貌不再……朋友和景物……
　　人事俱非！
宽敞的花园里我不再凝望
那绽放蓓蕾的丁香，纯净空气的源泉，
那里，她在温暖明亮的清晨起床，
身披轻罗款款而来，
因着装简单而凝羞无语，
匆匆前去唤醒沉睡的春色。
洁白和深紫展现我最钟爱的搭配，
台阶下，热情好客，
二十个盛夏美誉日增；

1　玛格丽特·加德纳·布莱辛顿伯爵夫人（Marguerite Gardiner, Countess of Blessington），19世纪上半叶英国作家，以其畅销作品及在伦敦举办金碧辉煌的沙龙著称文坛。兰多是沙龙的常客，受到夫人的贵宾礼遇，并被她聘为非正式的作品经纪人。

Part on the Arno, part where every clime
Sent its most graceful sons, to kiss thy hand,
To make the humble proud, the proud submiss,
Wiser the wisest, and the brave more brave.
Never, ah never now, shall we alight
Where the man-queen was born, or, higher up
The nobler region of a nobler soul,
Where breath'd his last the more than kingly man.
  Thou sleepest, not forgotten, nor unmourn'd,
Beneath the chestnut shade by Saint Germain;
Meanwhile I wait the hour of my repose,
Not under Italy's serener sky,
Where Fiesole beheld me from above
Devising how my head most pleasantly
Might rest ere long, and how with such intent

半缘亚诺河¹，半缘每一方，

都派出最高贵的儿子，把亲吻印在您手上，

您让卑微者自豪，自豪者谦恭，

让大智者最睿智，勇者更英勇，

我们永远，哦，永远不会降落

在女王²诞生之地，或者，更高的地方，

那是更高尚的灵魂安居的更高贵的地方，

在那里他咽下最后一口气，胜似君王³。

　　您进入梦乡，无人遗忘，无人不哀伤，

在圣日耳曼栽种的胡桃树荫下；

此时我在等待我的安息时刻，

不在意大利更宁静的天空下，

那里菲耶索莱⁴从高空把我端详，

思考着我的脑袋不久将怎样

最舒适地安放，而这一愿望又将怎样

---

1 亚诺河（Arno），意大利中部河流，佛罗伦萨和比萨等城市都位于亚诺河畔。

2 女王，指伊丽莎白女王一世（Elizabeth I, 1533—1603），诞生于格林威治王宫（Greenwich Palace）。

3 胜似君王，指奥利弗·克伦威尔（Oliver Cromwell, 1599—1658），克伦威尔从未获得"国王"称号，然而却被称为"英格兰护国公"，是英国的无冕之王。他在伦敦白厅（Whitehall）去世。

4 菲耶索莱（Fiesole），意大利小镇，位于佛罗伦萨东北山丘，可从远处俯瞰佛罗伦萨城。意大利著名作家薄伽丘（Giovanni Boccaccio）的《十日谈》就是以菲耶索莱为背景的，福斯特（E. M. Forster）的《看得见风景的房间》（*A Room with a View*）和亨利·詹姆士（Henry James）的《意大利时光》（*Italian Hours*）都对该城镇有过描述。1829至1835年间兰多在菲耶索莱的庄园居住。

I smooth'd a platform for my villagers,
(Tho' stood against me stubborn stony knoll
With cross-grain'd olives long confederate)
And brought together slender cypresses
And bridal myrtles, peering up between,
And bade the modest violet bear her part.

    Dance, youths and maidens! tho' around my grave
Ye dance not, as I wisht; bloom, myrtles! bend
Protecting arms about them, cypresses!
I must not come among you; fare ye well!

1850

敦促我开辟一片平地，为了我的同乡，

（尽管那里背靠坚硬的石山，

常年由挺拔的橄榄树做伴，）

再拿来纤细的柏树枝条，

还有新娘手中的桃金娘[1]，它们从花束中探望，

邀请谦恭的紫罗兰参与其中。

    起舞吧，小伙子和姑娘们！虽然我希望，

别在我坟墓周围踏步起舞；绽放，桃金娘！

搂住它们，柏树，用你环护的臂膀！

恕我不能来到你们中间，祝你们好运吉祥！

1850

年轻时唱过的歌谣甜美动听

1　桃金娘是一种开着白花和紫莓的灌木植物，在皇室婚礼中有
悠久的历史，一向被视为爱和婚姻的象征。按照英国皇室的习俗，
新娘的花束中都有一根桃金娘嫩枝。

'Sweet was the song that Youth sang once'

Sweet was the song that Youth sang once,
And passing sweet was the response;
But there are accents sweeter far
When Love leaps down our evening star,
Holds back the blighting wings of Time,
Melts with his breath the crusty rime,
And looks into our eyes, and says,
'Come, let us talk of former days.'

1846

年轻时唱过的歌谣甜美动听

年轻时唱过的歌谣甜美动听，
流淌的甜蜜是它的回应；
然而当爱情从晚星降临，
那歌声便更加甜美动听。
拉回时光枯萎的翅膀，
用你的呼吸去融化坚硬的冰晶，
然后凝视我们的眼睛，对我们说，
"来吧，让我们说说从前的时光。"

1846

March 24 1854

Sharp crocus wakes the forward year;
In their old haunts birds reappear;
From yonder elm, yet black with rain,
The cushat looks deep down for grain
Thrown on the gravel-walk; here comes
The redbreast to the sill for crumbs.
Fly off! fly off! I can not wait
To welcome ye, as she of late.
The earliest of my friends is gone.
Alas! almost my only one!
The few as dear, long wafted o'er
Await me on a sunnier shore.

1854

1854 年 3 月 24 日

鲜艳的番红花唤醒新的一年；
小鸟在熟悉的地点再次出现；
远处的榆树，雨中依然黝黑，
斑鸠弯下身子在砾石小路上
寻觅食粮；知更鸟飞来这里
啄食门槛上的碎屑。
飞吧！飞吧！我迫不及待
迎接你的光临，就像已故的她。
我最早的挚友[1]已经西去，
啊！她几乎是我的唯一！
珍稀的亲人，久久飘荡，
等着我，在阳光灿烂的海岸旁。

1854

---

1 最早的挚友，指兰多挚爱的姐姐伊丽莎白，1854 年（具体日期不详），伊丽莎白溘然离世，诗人悲哀之余写下本诗，以表哀悼。

'My guest !'

My guest! I have not led you thro'
The old footpath of swamp and sedges;
But ... mind your step ... you're coming to
Shingle and shells with sharpish edges.

Here a squash jelly-fish, and there
An old shark's head with open jaw
We hap may hit on: never fear
Scent rather rank and crooked saw.

Step forward: we shall pass them soon,
And then before you will arise
A fertile scene: a placid moon
Above, and star-besprinkled skies.

And we shall reach at last (where ends
The field of thistles, sharp and light)
A dozen brave and honest friends,
And there wish one and all good-night.

1846

我的宾客！

我的宾客！我从未带你走过
那沼泽和莎草丛中古老的小路；
但是……留神脚下……你即将来到
铺满尖利的碎石和贝壳的滩涂。

这里有一只压扁的水母，那里
一条苍老的鲨鱼咧开大口，
我们或许会偶然遇上：请别畏惧
弯弯的锯齿，气味难嗅。

向前走：我们很快就能过去，
在你眼前将会冉冉升起
一幅丰美的景象：明月温煦
高挂天幕，繁星熠熠。

我们即将到达田地终点
（那里是荆棘尽头，明艳光灿）
十多位好友，诚实勇敢，
在那里为大家恭送晚安。

1846

'Why, why repine, my pensive friend'

Why, why repine, my pensive friend,
　At pleasures slipt away?
Some the stern Fates will never lend,
And all refuse to stay.

I see the rainbow in the sky,
The dew upon the grass,
I see them, and I ask not why
They glimmer or they pass.

With folded arms I linger not
　To call them back; 'twere vain;
In this, or in some other spot
　I know they'll shine again.

1846

为什么抱怨，我忧郁的朋友

为什么，为什么抱怨，我忧郁的朋友，
　　当欢悦悄悄溜走？
对有些人，严苛的命运从不恩佑，
而且一切都拒绝久留。

我看到天上的彩虹，
和草地上的露珠，
我看到它们，却从不询问，
它们为何闪亮，为何经过此处。

我双臂交叉，徘徊游荡，
　　却不把它们唤回；因为那是徒劳；
在这个，或那个地方，
　　我知道它们还会再次闪耀。

1846

'Well I remember how you smiled'

Well I remember how you smiled
  To see me write your name upon
The soft sea-sand ... 'O! what a child!
  You think you're writing upon stone!'
I have since written what no tide
  Shall ever wash away, what men
Unborn shall read o'er ocean wide
  And find Ianthe's name agen.

1863

我清晰地记得你怎样微笑

我清晰地记得你怎样微笑，
　　看着我把你的名字写在
柔软的沙滩上……"哦！傻孩子！
　　你以为你写在石头上！"
从那以后我写下的诗行，
　　海潮一直没能把它抹掉，
来世的孩子们将远渡重洋前来诵读，
　　再把伊安忒的芳名重新找到。

1863

Proud Word You Never Spoke...

Proud word you never spoke, but you will speak
  Four not exempt from pride some future day.
Resting on one white hand a warm wet cheek,
  Over my open volume you will say,
  'This man loved me'—then rise and trip away.

你从未说过骄傲的话语……

你从未说过骄傲的话语，但将来有一天，
　　你仍不免会骄傲地说出那几个字眼。
你用白皙的手托起温热湿润的脸蛋，
　　在我摊开的书卷旁，你会坦言，
　　"他爱过我。"——然后起身，轻轻走远。

年轻时唱过的歌谣甜美动听

You Smiled, You Spoke...

You smiled, you spoke, and I believed,
By every word and smile deceived.
Another man would hope no more;
Nor hope I what I hoped before;
But let not this last wish be vain;
Deceive, deceive me once again!

你的微笑，你的语言······[1]

你的微笑，你的语言，我都曾相信，
可你的每一次言笑都把我欺骗。
别人或许不再祈盼；
我也不再抱有曾经的心愿；
然而别让这最后的愿望破灭；
欺骗吧，再一次把我欺骗！

年轻时唱过的歌谣甜美动听

1　本诗创作年代不详。

From *Appendix to the Hellenics*

If I extoll'd the virtuous and the wise,
The brave and beautiful, and well discern'd
Their features as they fixt their eyes on mine;
If I have won a kindness never wooed;
Could I foresee that … fallen among thieves,
Despoil'd, halt, wounded … tramping traffickers
Should throw their dirt upon me, not without
Some small sharp pebbles carefully inclosed?
However, from one crime they are exempt;
They do not strike a brother, striking me.

This breathes o'er me a cool serenity,
O'er me divided from old friends, in lands
Pleasant, if aught without old friends can please,
Where round their lowly turf-built terraces
Grey olives twinkle in this wintery sun,
And crimson light invests yon quarried cliff,

《希腊风情附录》节译 [1]

年轻时唱过的歌谣甜美动听

如果我曾赞美过德馨和睿智，
歌颂过勇敢和美丽，并曾仔细观察
他们凝神端详我时的容颜；
如果我曾喜获从未寻求的善意；
我是否能预见，我落入贼窟的景象，
被蹂躏，囚禁，致伤……流浪的毒贩
会把污秽朝我扔去，中间
还精心掺入尖锐的砾石？
然而，他们却被豁免一项罪名；
他们从不袭击弟兄，只是袭击我。

一阵凉爽的安宁吹来，
吹向和老友分离的我，在快乐的土地，
倘若没有老友哪有快乐可言，
在他们低矮的绿茵覆盖的台阶周围，
银灰的橄榄树在冬日的暖阳下闪亮，
绛红的阳光洒满远处的峭石悬崖，

1　本诗摘自兰多的诗歌《希腊风情附录》(*Appendix to the Hellenics*)，原诗有84行。

And central towers from distant villas peer
Until Arezzo's ridges intervene.

1859

和乡间庄园的中央塔楼遥遥相望，

直至阿雷佐[1]的山脊挡住目光。

1859

年轻时唱过的歌谣甜美动听

1　阿雷佐（Arezzo），位于意大利中部，是欧洲颇负盛名的精工之城，也是文艺复兴之父弗兰齐斯科·彼特拉克（Francesco Petrarca）的故乡，拥有深厚的文化底蕴与众多人文景观。

From *To the Reverend Cuthbert Southey*

I seek not many, many seek not me.
If there are few now seated at my board,
I pull no children's hair because they munch
Gilt gingerbread, the figured and the sweet,
Or wallow in the innocence of whey;
Give me wild-boar, the buck's stout haunch give me.
And wine that time has mellowed, even as time
Mellows the warrior hermit in his cell.

1850

《致卡斯伯特·骚塞牧师》节译 [1]

我很少寻访他人，也很少被人寻访。
倘若有人坐在我桌边，
我不会因为孩子们大声咀嚼金边姜饼，
带图形和香甜的，或是因为他们狂饮
纯正的乳清，而揪扯他们的头发；
给我野猪吧，给我那壮实的后腿。
而那陈年酿制的美酒，一如岁月
让隐居的武士在他的小屋里圆熟。

1850

---

1 卡斯伯特·骚塞（Cuthbert Southey, 1819—1888），19世纪英国著名浪漫主义诗人罗伯特·骚塞（Robert Southey, 1774—1843）唯一幸存的儿子。本诗摘自《致卡斯伯特·骚塞牧师》（To the Reverend Cuthbert Southey），全诗48行，这里摘译的是诗歌的最后8行。

To a Fair Maiden

Fair maiden! when I look at thee
I wish I could be young and free;
But both at once, ah! who could be?

1858

致一位美丽的姑娘

美丽的姑娘！当我看着你，
我奢望重获青春和自由；
然而两者都要，哎！有谁能得到？

1858

年轻时唱过的歌谣甜美动听

The Grateful Heart

The grateful heart for all things blesses;
  Not only joy, but grief endears:
I love you for your few caresses,
  I love you for my many tears.

1858

感恩的心

感恩的心祝福世间万物；
　　不仅祈求快乐，也珍视悲苦：
我爱你因为你不多的爱抚，
　　我爱你因为我太多的泪珠。

1858

年轻时唱过的歌谣甜美动听

Memory

The mother of the Muses, we are taught,
Is Memory: she has left me; they remain,
And shake my shoulder, urging me to sing
About the summer days, my loves of old.
Alas! alas! is all I can reply.
Memory has left me with that name alone,
Harmonious name, which other bards may sing,
But her bright image in my darkest hour
Comes back, in vain comes back, call'd or uncall'd.
Forgotten are the names of visitors
Ready to press my hand but yesterday;
Forgotten are the names of earlier friends
Whose genial converse and glad countenance
Are fresh as ever to mine ear and eye:

记忆 [1]

缪斯的母亲，我们得知，是记忆：
她已离我而去；而她们依然还在，
摇晃我的肩膀，催促我去歌唱
那夏日的时光，还有我旧时的爱人。
哎！哎！这是我能给出的全部答复。
记忆离我而去，仅剩空名而已，
这悦耳的名称，其他诗人或许还会吟唱，
然而她明亮的身影在我最黑暗的时刻
回到我身旁，不管是否受邀，都只是徒然。
来客的姓名我全然忘记，
他们欣然拉着我的手，不过就在昨天；
那是早年的朋友，姓名却全然忘记，
亲切的交谈和欢喜的容颜，
依然鲜活地浮现在我耳畔眼帘：

年轻时唱过的歌谣甜美动听

---

1 兰多书信集的编辑斯蒂芬·惠勒（Stephen Wheeler）将本诗归在"伊安忒"主题的诗歌中，然而诗歌的开头几行却出现于兰多1855年给其传记作者约翰·福斯特的书信中，当时兰多正在创作《安东尼和屋大维：场景研究》（*Antony and Octavius*：*Scenes for the Study*），而那时伊安忒已在四年前去世。

To these, when I have written, and besought
Remembrance of me, the word Dear alone
Hangs on the upper verge, and waits in vain.
A blessing wert thou, O oblivion,
If thy stream carried only weeds away,
But vernal and autumnal flowers alike
It hurries down to wither on the strand.

1863

当我提笔给他们写信，祈求唤醒
我的记忆，却唯有"亲爱的"一词，
悬挂笔端，等待亦枉然。
哦，遗忘，如果你是福祉，
但愿你的溪流冲走的只是野草，
然而春秋花朵却也未能幸免，
它们匆匆枯萎，在岸边凋残。

1863

年轻时唱过的歌谣甜美动听

给蜻蜓的诗句

Lines to a Dragon Fly

Progress of Evening

From yonder wood mark blue-eyed Eve proceed:
First through the deep and warm and secret glens,
Through the pale-glimmering privet-scented lane,
And through those alders by the river-side:
Now the soft dust impedes her, which the sheep
Have hollow'd out beneath their hawthorn shade.
But ah! look yonder! see a misty tide
Rise up the hill, lay low the frowning grove,
Enwrap the gay white mansion, sap its sides
Until they sink and melt away like chalk;
Now it comes down against our village tower,
Covers its base, floats o'er its arches, tears
The clinging ivy from the battlements,
Mingles in broad embrace the obdurate stone,
(All one vast ocean) and goes swelling on
In slow and silent, dim and deepening waves.

1806

夜色渐浓

蓝眼睛般的夜色从远处树林涌来：

最初穿过深邃温暖而隐秘的峡谷，

再穿过微光闪烁弥漫女贞花芬芳的小路，

和屹立河边的桤木树林；

眼下轻柔的尘埃挡住了她的脚步，

那是羊群在山楂树下翻地扬起的尘土。

但是，啊！看那边！薄雾似潮，

从山坡升起，低低放下蹙眉的树林，

笼罩欢乐的白色屋宇，吞噬它的边缘，

直至它们下沉，如粉末般袅袅飘散；

此刻它正飘向村子的塔楼，

遮没了基座，掠过拱门，

把盘绕的藤蔓从城垛扯下，

用宽大的臂膀搅动坚硬的石头，

（一望无际的大海）不停涌动

掀起缓慢而平静，朦胧而幽深的浪花。

1806

'Smiles soon abate'

Smiles soon abate; the boisterous throes
Of anger long burst forth;
Inconstantly the south-wind blows,
But steadily the north.

Thy star, O Venus! often changes
Its radiant seat above,
The chilling pole-star never ranges—
'Tis thus with Hate and Love.

1838

微笑很快消失

微笑很快消失；剧痛
因盛怒堆积而不断喷涌；
多变的南风不停吹动，
却平稳地朝北涌动。

你的星星，哦，维纳斯[1]，不断变幻，
光芒四射的玉座高挂天边，
寒冷的极地星从不旋转——
就这样与爱恨相伴。

1838

---

[1] 维纳斯（Venus），金星，离地球最近的行星。在古代，人们
能在夜空中看到它，光芒四射，非常明亮。维纳斯也是罗马神话
中美的女神。

Lines to a Dragon Fly

Life (priest and poet say) is but a dream;
I wish no happier one than to be laid
Beneath some cool syringa's scented shade
Or wavy willow, by the running stream,
Brimful of Moral, where the Dragon Fly
Wanders as careless and content as I.
Thanks for this fancy, insect king,
Of purple crest and filmy wing,
Who with indifference givest up
The water-lily's golden cup,
To come again and overlook
What I am writing in my book.
Believe me, most who read the line
Will read with hornier eyes than thine;
And yet their souls shall live for ever,
And thine drop dead into the river!
God pardon them. O insect king,
Who fancy so unjust a thing!

1837

给蜻蜓的诗句

生活（牧师和诗人如是说）不过是美梦一场；
躺在清凉芬芳的丁香树下，
真希望没人比我更心满意足，
或是傍着摇曳的垂杨，在淙淙小溪旁，
那溪水满载寓意，那里蜻蜓飞翔，
如我那般无忧无虑，如愿以偿。
感谢这幅奇景，昆虫之王，
紫色的顶冠和纤薄的翅膀，
漫不经心地扔下
金色睡莲的顶盖，
再次来到却毫不留意
我在书上写下什么字迹。
请相信我，大多数人读着这诗行
都将投以更加灼烈的目光；
他们的灵魂将永生不亡，
而你的却砰然陨落河中！
上帝会宽宥他们，哦，昆虫之王，
谁能想到此事如此不公！

1837

'We hurry to the river we must cross'

Lines to a Dragon Fly

We hurry to the river we must cross,
And swifter downward every footstep wends;
Happy, who reach it ere they count the loss
Of half their faculties and half their friends!

1833

我们匆匆赶到必须渡越的河畔 [1]

我们匆匆赶到必须渡越的河畔，
每往下走一步都须加快脚步；
所幸，赶在损失计算之前到达彼岸，
那损失，半为才略半为友伴！

1833

---

1 本诗摘自《致罗伯特·骚塞》(*To Robert Southey*)，全诗58行。

'Naturally, as fall upon the ground'

Naturally, as fall upon the ground
The leaves in winter and the girls in spring.

1834

自然而然地，仿佛坠落地面 [1]

自然而然地，仿佛坠落地面，
冬日的树叶，春日的女孩。

1834

给蜻蜓的诗句

---

1 本诗摘自兰多的《威廉·莎士比亚引文和考证》（*Citation and Examination of William Shakespeare*，1891），是这首冗长而平淡的诗歌中的亮点之一。

'In spring and summer winds may blow'

In spring and summer winds may blow,
And rains fall after, hard and fast;
The tender leaves, if beaten low,
Shine but the more for shower and blast.

But when their fated hour arrives,
When reapers long have left the field,
When maidens rifle turn'd-up hives,
And their last juice fresh apples yield,

A leaf perhaps may still remain
Upon some solitary tree,
Spite of the wind and of the rain ...
A thing you heed not if you see ...

At last it falls. Who cares? not one:
And yet no power on earth can ever
Replace the fallen leaf upon
Its spray, so easy to dissever.

春夏时节风儿乍起

春夏时节风儿乍起，
随后大雨降落，迅猛劲疾；
柔嫩的树叶，倘若被风压低，
便熠熠闪亮，更多的则是雨骤风急。

当命定的时辰来到，
当刈麦者早已离开田地，
当姑娘们匆忙翻遍蜂巢，
当新鲜苹果榨出果汁的最后一滴。

有片树叶或许依然悬挂
在孤零零的大树枝桠，
任凭风吹雨打……
即便有人看见也不会细察……

那片树叶终于落下。有谁注意？没人留意：
然而这世间却没有任何力量
可以替代这片凋零的叶子，
那么容易掉下，从那树枝上。

If such be love I dare not say,
  Friendship is such, too well I know,
I have enjoy'd my summer day;
'Tis past; my leaf now lies below.

1846

Lines to a Dragon Fly

我不敢说这就是爱意，

　　可我知道，这就是友谊，

我愉快地度过了炎炎盛夏，

它已逝去，我的树叶安眠地下。

1846

给蜻蜓的诗句

'Night airs that make tree-shadows walk'

Night airs that make tree-shadows walk, and sheep
Washed white in the cold moonshine on grey cliffs.

1846

Lines to a Dragon Fly

夜色令树影移步 [1]

夜色令树影移步，羊群在清冷的月光下
洗得洁白，在银灰色的悬崖峭壁上。

1846

给
蜻
蜓
的
诗
句

1　本诗摘自兰多的《臆想对话》中布鲁克勋爵和菲利普·西德尼之间的对话。《臆想对话》首次发表于1824年，也作为单篇诗歌印行。

'The brightest mind, when sorrow sweeps across'

Lines to a Dragon Fly

The brightest mind, when sorrow sweeps across,
Becomes the gloomiest; so the stream, that ran
Clear as the light of heaven ere autumn closed,
When wintry storm and snow and sleet descend,
Is darker than the mountain or the moor.

1846

最明亮的心灵，当悲哀掠过

最明亮的心灵，当悲哀掠过，
变成最幽暗的；于是小溪，流淌，
如天光般明澈，在秋日谢幕之前，
当冬日的风暴、皑雪和冰雹骤降，
它比山脉或荒野更加黯淡凄凉。

1846

'Ten thousand flakes about my windows blow'

Ten thousand flakes about my windows blow,
Some falling and some rising, but all snow.
Scribblers and statesmen! are ye not just so?

1846

万千雪花在我窗边飘荡

万千雪花在我窗边飘荡，

漫天大雪，有些下落，有些上扬。

三流文人和政坛过客！你们不也同样？

1846

Separation

There is a mountain and a wood between us,

Where the lone shepherd and late bird have seen us

Morning and noon and even-tide repass.

Between us now the mountain and the wood

Seem standing darker than last year they stood,

And say we must not cross, alas! alas!

1853

分割

我们之间隔着崇山茂林，在那里
孤独的牧羊人和迟来的鸟儿看到我们
清晨、正午和黄昏再次经过这里。
眼下矗立于我们之间的茂林崇山
似乎比去年的色彩更加黯淡，
还说我们不能在此穿行，唉！唉！

1853

'Is it not better at an early hour'

Is it not better at an early hour
In its calm cell to rest the weary head,
While birds are singing and while blooms the bower,
Than sit the fire out and go starved to bed?

1846

这样的清晨是否更加惬意

清晨时分在宁静小房
让疲惫的头脑得以歇息，
小鸟娇啼，鲜花在绿荫绽放，
这是否比坐等火熄饿着上床更加惬意？

1846

'Lately our poets loiter'd in green lanes'

Lately our poets loiter'd in green lanes,
Content to catch the ballads of the plains;
I fancied I had strength enough to climb
A loftier station at no distant time,
And might securely from intrusion doze
Upon the flowers thro' which Ilissus flows.
In those pale olive grounds all voices cease,
And from afar dust fills the paths of Greece.
My slumber broken and my doublet torn,
I find the laurel also bears a thorn.

1863

近来我们的诗人常在绿色小道漫步

给蜻蜓的诗句

近来我们的诗人常在绿色小道漫步，
欣喜地捕捉来自原野的歌曲；
我幻想自己能足够强壮，
能在不远的时辰里爬到更高的地方，
那里或许没有干扰，可以安安稳稳
在伊利索斯河¹流过的花丛上打盹。
灰白色的橄榄树林万籁俱静，
远处飘来的尘埃铺满希腊小径。
我的美梦中断，衣服撕烂，
我看到月桂树上长出一根芒刺。

1863

---

1 伊利索斯河（Ilissos），希腊雅典的一条河流，位于古雅典城防御墙外，现今这条河的大部分已变为地下通道。该河在多首希腊古诗中被提及，也是古希腊艺术作品的主题，尤以雕塑为甚。

Destiny Uncertain

Gracefully shy is yon gazelle;
  And are those eyes, so clear, so mild,
  Only to shine upon a wild,
Or be reflected in a shallow well?
  Ah! who can tell?

If she grows tamer, who shall pat
  Her neck? who wreathe the flowers around?
  Who give the name? who fence the ground?
Pondering these things, a grave old dervish sat,
  And sigh'd, 'Ah who can tell?'

1857

命运无常

那边有只羚羊优雅羞涩；
  一双明眸，如此温柔，如此清澈，
  它只是闪耀在一片荒地，
还是倒映在浅浅的井底？
  唉！谁能说得清？

如果她变得温顺，谁会去拍打
  她的颈项？谁为她把花环戴上？
  谁为她取名？谁为她平地筑起围墙？
一位老僧正襟危坐，神情肃然地思量，
  长叹一声，"唉，谁能说得清？"

1857

'Ye who have toil'd uphill to reach the haunt'

Ye who have toil'd uphill to reach the haunt
Of other men who lived in other days,
Whether the ruins of a citadel
Rais'd on the summit by Pelasgic hands,
Or chamber of the distaff and the song …
Ye will not tell what treasure there ye found,
But I will.
　Ye found there the viper laid
Full-length, flat-headed, on a sunny slab,
Nor loth to hiss at ye while crawling down.
Ye saw the owl flap the loose ivy leaves
And, hooting, shake the berries on your heads.
　Now, was it worth your while to mount so high
Merely to say ye did it, and to ask
If those about ye ever did the like?

你艰难地爬上坡顶

你艰难地爬上坡顶，
去到那曾经有人常去的地方，
不论是贝拉斯基人[1]用双手
在山顶垒砌的城堡留下的废墟，
还是小屋里的纺车和歌声……
你都说不出在那里发现何种宝藏，
可是我能。

　　你发现整条平头毒蛇，
躺在洒满阳光的石板上，
向下爬行，乐此不疲地对你嘶叫。
你看到猫头鹰拍打稀疏的常春藤叶，
并高声叫唤，在你头顶晃动浆果。

　　如今，你是否值得再爬到那高处，
只是为了显示你的足迹所至？再问问，
你周围的人是否有过同样的经历？

1　贝拉斯基（pelasgic）是古希腊人对公元前12世纪前住在希腊的前希腊民族的称呼。根据荷马、希罗多德和修昔底德等古代作家的描述，贝拉斯基人并不是居住在同一狭窄区域的单一小族群，而是生活在广阔的爱琴海区域内有着相似语言、相近风俗、基本相同的外貌和体格特征的若干部落的总称。

Believe me, O my friends, 'twere better far
To stretch your limbs along the level sand
As they do, where small children scoop the drift,
Thinking it must be gold, where curlews soar
And scales drop glistening from the prey above.

1863

相信我，哦，朋友，在那平坦的沙滩上
悠闲地伸展四肢，和他们一样，
你定会更加心怡神旷，在那里孩子们捞起漂流物，
想着那定是金子，在那里杓鹬高声歌唱，
鳞片从高处的猎物落下，闪闪发光。

1863

给蜻蜓的诗句

'When the mad wolf hath bit the scatter'd sheep'

When the mad wolf hath bit the scatter'd sheep,
The madden'd flock their penfold overleap,
And, rushing blind with fury, trample down
The kindest master with the coarsest clown.

1853

当疯狂的野狼撕咬四散的羊羔

当疯狂的野狼撕咬四散的羊羔，
逼疯的羊群越过栏栅，
怒不可遏地盲目乱跑，
把最仁慈的主人和最粗陋的小丑踩在脚下。

1853

'Come forth, old lion'

Come forth, old lion, from thy den,
Come, be the gaze of idle men,
Old lion, shake thy mane and growl,
Or they will take thee for an owl.

1858

出来吧，老狮子

出来吧，老狮子，从你的巢穴里，
出来，让悠闲的人们好好看看你，
老狮子，扬起你长长的鬃毛，对天长吼，
否则人们会把你当作一只鸱鸺。

1858

'The cattle in the common field' [1]

Lines to a Dragon Fly

The cattle in the common field
  Toss their flat heads in vain,
And snort and stamp; weak creatures yield
  And turn back home again.

My mansion stands beyond it, high
  Above where rushes grow;
Its hedge of laurel dares defy
  The heavy-hooft below.

1　本诗创作年份不详，1897年第一次印刷。

牛羊在公共田地

牛羊在公共田地，
　　想抬起它们平滑的脑袋，却无法如愿，
哼鼻子跺脚；疲乏的它们终于放弃，
　　于是转身返回家园。

我的宅邸就在那里，
　　在灯芯草生长的地方高高耸起；
月桂树篱大胆地睥睨，
　　树下响起沉重的马蹄。

A Quarrelsome Bishop

To hide her ordure, claws the cat;
You claw, but not to cover that.
Be decenter, and learn at least
One lesson from the cleanlier beast.

1853

爱争辩的主教 [1]

猫用爪子刨着，掩埋她的粪便；
你也刨着，却不是为了遮盖。
更体面些吧，至少你应该
从这更干净的动物身上获取一点经验。

1853

---

1 这位主教指的是亨利·菲尔普托茨（Henry Philipotts，1778—
1869），他在1830年至1869年担任英国圣公会埃克塞特的主教
（Bishop of Exeter）。

'What bitter flowers surround the fount of Pleasure'

What bitter flowers surround the fount of Pleasure
And poison its bright waters as they fall!

1858

多么苦涩的鲜花环绕着快乐的源泉 [1]

多么苦涩的鲜花环绕着快乐的源泉
在奔流而下的清亮泉水中投下毒药！

1858

---

1 本诗摘自兰多的《臆想对话》中布鲁克勋爵和菲利普·西德
尼之间的对话。

'The scentless laurel'

The scentless laurel a broad leaf displays,
Few and by fewer gathere'd are the bays;
Yet these Apollo wore upon his brow …
The boughs are bare, the stem is twisted now.

1863

幽香散尽的月桂树

幽香散尽的月桂树上一片宽大的树叶在闪耀，
聚集在月桂树上的叶子日渐稀少；
然而阿波罗却把它戴在头上[1]……
弯垂的花茎，光秃的枝条。

1863

1　阿波罗和月桂的故事源自希腊神话。阿波罗是古希腊神话中光明、预言、音乐、医药及消灾解难之神，也是人类文明、迁徙和航海者的保护神。阿波罗爱上了美丽的河神女儿达芙妮，而达芙妮却决心终身不嫁，为此一直拒绝他的追求。据希腊神话所述，当阿波罗快要追上达芙妮时，达芙妮向父亲河神佩内斯（一说地球女神盖亚）求救，随后她变成一棵月桂树。阿波罗随即用月桂枝叶编成圆环戴在头上，并决定将其作为胜利者的标志，赠与竞技获胜或诗文出众者（见奥维德《变形记》第一卷）。

Fæsulan Idyl

Here, where precipitate Spring with one light bound
Into hot Summer's lusty arms expires;
And where go forth at morn, at eve, at night,
Soft airs, that want the lute to play with them,
And softer sighs, that know not what they want;
Aside a wall, beneath an orange-tree
Whose tallest flowers could tell the lowlier ones
Of sights in Fiesole right up above,
While I was gazing a few paces off
At what they seemed to show me with their nods,
Their frequent whispers and their pointing shoots,
A gentle maid came down the garden-steps
And gathered the pure treasure in her lap.
I heard the branches rustle, and stept forth
To drive the ox away, or mule, or goat,
Such I believed it must be. How could I
Let beast o'erpower them? When hath wind or rain
Borne hard upon weak plant that wanted me,
And I (however they might bluster round)
Walkt off? 'Twere most ungrateful: for sweet scents

170

菲耶索莱田园诗

这里，春天带着一束光芒匆匆离去，
连蹦带跳扑入夏日强壮的臂弯里；
清晨，傍晚，入夜，开始出发，
温煦的空气，真希望有人弹起鲁特琴相伴，
轻柔的叹息，不知道他们想要什么；
在墙垣边，在橘树下，
高枝的花朵告诉低枝的同伴，
那高处一览无遗的菲耶索莱风光，
我就在几步远的地方凝望
那似乎向我频频点头的鲜花，
它们不时低声私语，爆出嫩芽，
温静的女孩款步走下花园台阶，
把收集的纯净宝物搁在腿上。
我听到树枝窸窣作响，走向前方，
赶走那牛，或骡子，或山羊，
我想我必须这样，我怎能
忍心看它们惨遭兽物欺压？
那些惨遭风雨摧残需要我呵护的柔弱嫩芽，
我怎能（任凭他们四处高声呼喊）
拂袖而去？那太绝情：甜蜜的香气

171

Are the swift vehicles of still sweeter thoughts,
And nurse and pillow the dull memory
That would let drop without them her best stores.
They bring me tales of youth and tones of love,
And 'tis and ever was my wish and way
To let all flowers live freely, and all die,
Whene'er their Genius bids their souls depart,
Among their kindred in their native place.
I never pluck the rose; the violet's head
Hath shaken with my breath upon its bank
And not reproacht me; the ever-sacred cup
Of the pure lily hath between my hands
Felt safe, unsoil'd, nor lost one grain of gold.
I saw the light that made the glossy leaves
More glossy; the fair arm, the fairer cheek
Warmed by the eye intent on its pursuit;
I saw the foot, that, altho' half-erect
From its grey slipper, could not lift her up
To what she wanted: I held down a branch
And gather'd her some blossoms, since their hour
Was come, and bees had wounded them, and flies
Of harder wing were working their way thro
And scattering them in fragments under foot.
So crisp were some, they rattled unevolved,
Others, ere broken off, fell into shells,
For such appear the petals when detacht,

是更加甜蜜思维的载体，
滋养并安枕沉郁的回忆，
没有它们便会失去她最美的存储。
它们为我带来青春的故事和爱的旋律，
也将永远是我的心愿和行事方式，
让所有的花朵自由生长，而凋谢之时，
则是他们的守护神在故乡的亲人中，
呼唤他们灵魂别离的时刻。
我从不采摘玫瑰；那紫色花冠
随着我的呼吸摇撼堤岸，
不要责备我；那永远神圣的杯子，
镌刻纯净百合花的杯子就在我手中，
稳稳当当，不沾尘土，没有一粒金子流失。
我看到阳光把晶亮的树叶照得更加灿烂，
美丽的手臂，更加美丽的脸蛋，
被那专心寻求的眼睛温暖；
我看到那双玉足，从灰色拖鞋踮起，
虽然已是半挺直，却无法把她托起，
去够到她想要的东西：我折下一段树枝，
再为她采集几株鲜花，因为它们时辰已到，
而且已被蜜蜂蜇伤，苍蝇
张开更加坚硬的翅膀奋力穿行，
把花瓣一片片散落脚下。
那花瓣有些脆爽，簌簌作响，尚未盛开，
另一些还没破碎，掉入果壳。
这是花瓣凋落的模样，

给
蜻
蜓
的
诗
句

Unbending, brittle, lucid, white like snow,

And like snow not seen thro, by eye or sun:

Yet every one her gown received from me

Was fairer than the first … I thought not so,

But she so praised them to reward my care.

I said: you find the largest.

  This indeed,

Cried she, is large and sweet.

  She held one forth,

Whether for me to look at or to take

She knew not, nor did I; but taking it

Would best have solved (and this she felt) her doubt..

I dared not touch it; for it seemed a part

Of her own self; fresh, full, the most mature

Of blossoms, yet a blossom; with a touch

To fall, and yet unfallen.

  She drew back

The boon she tendered, and then, finding not

The ribbon at her waist to fix it in,

Dropt it, as loth to drop it, on the rest.

1831

平展，脆爽，透明，洁白如雪，
又如雪花，无法让眼睛或太阳看透：
她的裙衫从我那里接受的每一朵鲜花
都比以前的更加娇艳……其实我并不这么想，
她却如此赞赏，为的是回报我的心意。
我说：你采到的最大。

确实如此，
她高声叫喊，确实又大又香。

她捧出一朵，
不知是让我观赏，还是让我带走，
她纳闷，我也不解，然而带走，
却最能解除她的疑惑（她感觉如此）。
我不敢触碰；因为那花朵仿佛是她本人的
一部分；清新，丰满，完熟；
然而鲜花，一旦触碰，
便会坠落，但它却没掉下。

她伸手收回
她的惠赠，然而，找不到
那腰间系束花朵的丝带，
便把花扔下，无奈地扔下，让它坠入花丛。

1831

The Fæsulan Villa

Lines to a Dragon Fly

Where three huge dogs are ramping yonder
Before that villa with its tower,
No braver boys, no father fonder,
Ever prolonged the moonlight hour.
Often, to watch their sports unseen,
Along the broad stone bench he lies,
The oleander-stems between
And citron-boughs to shade his eyes.
The clouds now whiten far away,
And villas glimmer thick below,
And windows catch the quivering ray,
Obscure one minute's space ago.
Orchards and vine-knolls maple-propt,
Rise radiant round: the brims are dim,
As if the milky-way had dropt
And fill'd brim to the brim.
Unseen beneath us, on the right,
The abbey with unfinisht front
Of checker'd marble, black and white

菲耶索莱庄园

三只大狗从远处斜坡下来，
在带塔楼的庄园前，
再慈祥的父亲，再勇敢的男孩，
都无法延长明月普照的时光。
时常，观察他们的运动而不被发现，
他躺在一条宽宽的石凳上，
在夹竹桃和香橼树之间，
树枝遮住了他的目光。
远处的云彩变得洁白耀眼，
密集的灯光在下方庄园闪烁，
窗轩抓住那束颤动的光线，
一分钟前它还那样隐秘幽暗。
果园，枫树和葡萄覆盖的山峦，
容光焕发地四处跃起，边缘依稀可见，
仿佛银河渺渺飘散，
从这头到那头，把大地铺满。
在我们下方，右边，看不清晰
那尚未竣工的教堂前殿，
由黑白相间的格纹大理石铺砌，

And on the left the Doccia's font.

Eastward, two ruin'd castles rise

Beyond Maiano's mossy mill,

Winter and Time their enemies,

Without their warder, stately still.

The heaps around them there will grow

Higher, as years sweep by, and higher.

Till every battlement laid low

Is seized and trampled by the briar.

That line so lucid is the weir

Of Rovezzano: but behold

The graceful tower of Giotto there,

And Duomo's cross of freshen'd gold.

We can not tell, so far away,

Whether the city's tongue be mute,

We only hear some lover play

(If sighs be play) the sighing flute.

1846

多西亚[1]圣洗池设在左边。

东边，两座荒废的教堂兀立，

在玛亚诺别墅[2]苔藓覆盖的磨坊边，

冬日和时光是他们的宿敌，

若无他们的光顾，教堂依然巍然耸立。

周围的草木苍翠葱茏，

随着岁月流逝，越长越高。

直至每一座低矮的墙埔，

都遭受荆棘的侵蚀践暴。

那一排清晰可见的罗维萨诺[3]堤堰：

在阳光的沐浴里遥遥眺望

远处优雅温婉的乔托[4]塔楼

和金碧辉煌的大教堂十字架。

离得太远，我们无法说清，

这座城市是否寂静无声，

我们只能听到有情人吹起

（假如叹息也能被吹奏）哀叹的笛音。

给蜻蜓的诗句

1846

---

1 多西亚（Doccia）是当时欧洲最大的陶瓷工厂之一，位于佛罗伦萨附近。

2 玛亚诺（Maiano）别墅建于15世纪，位于佛罗伦萨附近玛亚诺小镇乡间的山丘。

3 罗维萨诺（Rovezzano）位于距离佛罗伦萨不远的风景秀丽的河滨小镇，在那里可瞻仰大卫雕像。

4 即乔托·迪·邦多纳（Giotto di Bondone，1266—1337），意大利著名画家、雕刻家与建筑师，被誉为"欧洲绘画之父"。

Farewell to Italy

Lines to a Dragon Fly

I leave thee, beauteous Italy! no more
From the high terraces, at even-tide,
To look supine into thy depths of sky,
Thy golden moon between the cliff and me,
Or thy dark spires of fretted cypresses
Bordering the channel of the milky-way.
Fiesole and Valdarno must be dreams
Hereafter, and my own lost Affrico
Murmur to me but in the poet's song.
I did believe (what have I not believed?)
Weary with age, but unopprest by pain.
To close in thy soft clime my quiet day,

告别意大利

我即将离开你，美丽的意大利！再也不能
从高高的台地，在日暮时分，
卧看你幽深的天空，
仰望我和悬崖之间的金色月轮，
或是远眺那耸立银河岸边
黝黑而饱经风霜的柏树顶端。
菲耶索莱和瓦尔达诺¹准是梦境，
还有我那销声匿迹的阿夫里科²，
它用诗人的歌声对我低声吟诵。
我确信（我曾不信过什么？）
年老体弱，却无病痛困扰。
能在融融暖意中结束我宁静的日子，

---

1 瓦尔达诺（Valdarno）位于意大利中部亚诺河旁的山谷地带。
这里秀丽的风光和悠久的历史曾激发起无数艺术家的创作激情，
据说意大利文艺复兴时期著名艺术家达·芬奇的许多油画就是以
这里的风光为背景的，包括体现其最高艺术成就的名作《蒙娜
丽莎》。

2 阿夫里科（Affrico）位于意大利南部。1951年10月，巨大的
洪水吞噬了小镇，重建的新城在离老城15公里的爱奥尼亚海边，
这里洁净无污染的海滩、可以俯瞰海湾的悬崖峭壁和天然的清澈
水潭构成了如画的风景。

And rest my bones in the Mimosa's shade.
Hope! Hope! few ever cherisht thee so little;
Few are the heads thou hast so rarely raised;
But thou didst promise this, and all was well.
For we are fond of thinking where to lie
When every pulse hath ceast, when the lone heart
Can lift no aspiration ... reasoning
As if the sight were unimpaired by death,
Were unobstructed by the coffin-lid,
And the sun cheered corruption!
  Over all
The smiles of Nature shed a potent charm,
And light us to our chamber at the grave.

1827

在含羞草的倩影下安放我的骨架。

希望！希望！很少有人对你如此不珍惜；
你也很少让人把头抬起，
然而你却许下承诺，而且一切安好。
因为我们总爱思考身后该安躺何处，
当每一根脉搏都停止跳动，当孤独的心灵
不再有渴求……思考，
仿佛死亡并未破坏景象，
棺盖也未能遮挡视野，
而太阳欢呼腐烂！

　　宇宙天地
大自然的微笑释放强盛的魅力，
照亮我们走进坟墓的幽室里。

1827

Kind Souls

善良的灵魂哟

From Sappho

Mother, I cannot mind my wheel;
My fingers ache, my lips are dry:
Oh! if you felt the pain I feel!
But Oh! who ever felt as I?

No longer could I doubt him true;
All other men may use deceit:
He always said my eyes were blue,
And often swore my lips were sweet.

1806

萨福诗歌选译 [1]

妈妈，我无法再把纺车照管；
我的十指生疼，嘴唇枯干：
哦！但愿你能感受我的苦难！
但是，哦！有谁曾与我同感？

我不再怀疑他的真心；
尽管别人也许会欺骗：
他总赞美我的碧蓝眼睛，
还常直言我的嘴唇甘甜。

1806

善良的灵魂哟

---

1 本诗是兰多根据萨福的诗歌翻译并扩写的，原诗保留下来的
仅有四行，即本诗的第一节。萨福（Sappho，约公元前630—前
560），古希腊女诗人，以抒情诗歌著称。她的诗歌感情真挚，语
言简洁生动，柏拉图称其为"第十个缪斯"。萨福的大部分诗歌
都已遗失，保留下来的大部分只是诗歌残篇。

From Alcaeus

Wormwood and rue be on his tongue
And ashes on his head,
Who chills the feast and checks the song
With emblems of the dead!

By young and jovial, wise and brave,
Such mummers are derided.
His sacred rites shall Bacchus have,
Unspared and undivided.

Coucht by my friends, I fear no mask
Impending from above,

阿乐凯奥斯诗歌选译 [1]

苦艾和芸香沾满舌端，
灰烬满头，
他用死者的图案
冰凉了欢宴，叫停了歌手！

聪明勇敢快乐的青年，
嘲讽了这群哑剧演员。
巴克科斯 [2] 将主办神圣的庆典，
他将不遗余力，倾心奉献。

躺在朋友身边，我毫不畏惧
那从天而降的面具，

善良的灵魂哟

---

1 本诗选自兰多的《伯里克利和阿斯帕齐娅》(*Pericles and
Aspasia*，1888)，是兰多的英文译诗，希腊版原文现已无法找到。
阿乐凯奥斯 (Alcaeus，公元前620—前580)，古希腊著名诗人，
萨福的同代诗人。他的诗歌大多以歌颂众神和英雄、爱情、饮酒
及政治题材为主题，其中以抒情诗最具盛名，现存的诗歌作品只
有一些片段和引语。

2 巴克科斯 (Bacchus)，罗马神话中的酒神和植物神，奥林匹斯
十二主神之一，相当于希腊神话中的狄俄尼索斯 (Dionysus)。

I only fear the later flask
That holds me from my love.

1836

Kind Souls

我只是害怕随后那酒樽
会阻隔我和我的心上人。

1836

善良的灵魂哟

On a Quaker's Tankard

Ye lie, friend Pindar! and friend Thales! — Nothing
so good as water? Ale is.

1795

致贵格会的大酒杯 [1]

你没说真话，品达 [2] 朋友！泰勒斯 [3] 朋友！——难道没有什么比清水更美妙？[4] 啤酒便是。

善良的灵魂哟

1795

---

1 本诗摘自1795年出版的《沃尔多·萨维奇·兰多诗歌集》(*The Poems of Walter Savage Landor*, 1795)。贵格会 (Quaker)，又称教友派或公谊会 (the Society of Friends)，是基督教新教的一个派别。贵格会反对任何形式的战争和暴力，主张所有人要像兄弟一样，提倡和平主义和宗教自由。

2 品达 (Pindar，约公元前522—前442)，古希腊最著名的诗人之一，他的诗歌气势恢宏，意境高远，思想深邃，常以整个希腊民族为歌颂主体，被誉为"国民诗人"。17世纪古典主义诗人将其诗作视为"崇高颂歌"的典范，弥尔顿、歌德等诗人都曾模仿他的风格。兰多对他也十分崇拜，并深受其影响。

3 泰勒斯 (Thales，约公元前624—前546)，古希腊思想家、科学家、哲学家，希腊最早的哲学学派米利都学派的创始人，西方思想史上第一个有记载的思想家，被称为"科学和哲学之祖"。

4 Ariston men Hydor (希腊语意为"水是最美妙的")是泰勒斯的名言，曾被品达引用并将其镌刻于巴斯著名的水泵房饭店 (Pump Room at Bath)。

From Mimnermus

I wish not Thasos rich in mines,
Nor Naxos girt around with vines,
Nor Crete nor Samos, the abodes
Of those who govern men and Gods,
Nor wider Lydia, where the sound
Of tymbrels shakes the thymy ground,
And with white feet and with hoofs cloven

弥涅墨斯诗歌选译 [1]

我希望不是矿藏丰富的萨索斯 [2]，
也不是紫藤环绕的纳克索斯 [3]，
不是克里特 [4]，也不是萨摩斯 [5]，
人类和众神统治者的住址，
不是地域宽广的吕底亚 [6]，那里
铃鼓的乐声震撼麝香覆盖的大地。
舞者双足洁白，双腿劈叉，

善良的灵魂哟

1　本诗选自兰多的《伯里克利和阿斯帕齐娅》，弥涅墨斯
（Mimnermus，鼎盛时期在公元前630—前600），古希腊著名哀歌
诗人。本诗由兰多从希腊版原文译成英语。

2　萨索斯（Thasos），希腊北部岛屿，以造船、捕鱼和旅游业闻
名世界。

3　纳克索斯（Naxos），希腊岛屿，纳克索斯岛有许多传说，据
说酒神狄奥尼索斯曾居住该岛。

4　克里特（Crete），希腊最大的岛屿，是许多希腊神话的发源
地，据说众神之神宙斯就出生在岛上的山洞里，著名的伊卡鲁斯
（Icarus）传说就发生在克里特岛，荷马在其史诗中也曾提到该岛。

5　萨摩斯（Samos），希腊岛屿。岛上最著名的建筑是为女神赫
拉而建的赫拉古庙（The Heraion）和毕达哥利翁（Pythagoreion）
遗址，1992年它们被联合国教科文组织评定为世界遗产。

6　吕底亚（Lydia），小亚细亚中西部古国（公元前1200—前
546），濒临爱琴海，位于现土耳其西北部。

The dedal dance is spun and woven:
Meanwhile each prying younger thing
Is sent for water to the spring,
Under where red Priapus rears
His club amid the junipers;
In this whole world enough for me
Is any spot the Gods decree;
Albeit the pious and the wise
Would tarry where, like mulberries,
In the first hour of ripeness fall
The tender creatures, one and all.
To take what falls with even mind
Jove wills, and we must be resign'd.

1836

翩然起舞，旋转穿行：
同时人人都在寻找更加年轻的生灵，
把他们送往山泉汲取甘露。
绯红的普里阿普斯¹就在泉水旁，
在刺柏中锤炼他的棍棒：
这世界上神明命定的任何地点，
我都感到意足心满；
虽然虔诚和睿智的人们
会踌躇不前，一如桑葚，
当最初的成熟时刻降临
普天下所有柔嫩的生灵。
平心静气地接受一切，
神明的旨意，我们必须听随。

善良的灵魂哟

1836

---

1 普里阿普斯（Priapus），希腊和罗马神话中的花园之神和男性
生殖力之神。

From Moschus

Ah! when the mallow in the croft dies down,
Or the pale parsley or the crispèd anise,
Again they grow, another year they flourish;
But we, the great, the valiant, and the wise,
Once covered over in the hollow earth,
Sleep a long, dreamless, unawakening sleep.

1842

莫斯霍斯诗歌选译 [1]

啊！当田野里的锦葵逐渐凋残，
那爽脆的茴香，或是浅色的欧芹，
重又花繁叶茂，又一年生机盎然；
而我们，优秀，勇敢，聪颖，
一旦被掩埋在这中空的寰球，
酣然入睡，无梦，不醒，长久。

善良的灵魂哟

1842

1　本诗摘自兰多翻译的莫斯霍斯的"悼拜昂"（*Lament for Bion*）
第100至105行，全诗共125行，兰多的译诗十分忠实于原文。拜
昂（Bion，鼎盛时期在公元前100年左右），古希腊田园诗人。莫
斯霍斯（Moschus），古希腊田园诗人及语法学家，创作盛期约为
公元前150年前后，现存的作品仅有《田园诗》（*Bucolica*）中的三
个片段以及短篇史诗《欧罗巴》（*Europa*）和《悼拜昂》等残篇，
语法学方面的作品则无可查考。

On Catullus

Kind Souls

Tell me not what too well I know
About the bard of Sirmio…
    Yes, in Thalia's son
Such stains there are … as when a Grace
Sprinkles another's laughing face
    With nectar, and runs on.

1853

卡图卢斯 [1]

不要告诉我有关那位锡尔米奥 [2] 诗人
那些我太熟悉的事项……
  是的，在这位塔利亚 [3] 儿子的身上
有着这样的污痕……恰如美惠女神
对着另一张笑脸
  用花蜜，不断喷溅。

善良的灵魂哟

1853

1　卡图卢斯（Gaius Valerius Catullus，约公元前87—前54），古
罗马著名抒情及挽歌诗人。他英年早逝，但极具影响力，现存的
作品仅有116首，包括神话诗、爱情诗、时评短诗和各种幽默小
诗。这些诗歌至今仍被广泛阅读，是现代读者最容易理解的拉丁
语诗歌之一。

2　锡尔米奥（Sirmio），意大利最大的湖泊加尔达湖（Lake Garda）
南端的一个海角，海角上有一处被称为卡图卢斯石窟，据说是卡图卢
斯的乡间别墅。

3　塔利亚（Thalia），希腊神话中艺术九女神之一，主司喜剧。塔
利亚也被认为是希腊神话中分别代表优雅、美丽和欢乐等三种品
格的美惠三女神之一。

' 'Twas far beyond the midnight hour'

'Twas far beyond the midnight hour
  And more than half the stars were falling,
And jovial friends, who lost the power
  Of sitting, under chairs lay sprawling;

Not Porson so; his stronger pate
  Could carry more of wine and Greek
Than Cambridge held; erect he sate;
  He nodded, yet could somehow speak.

'Tis well, O Bacchus! they are gone,
  Unworthy to approach thy altar!
The pious man prays best alone,
  Nor shall thy servant ever falter.'

午夜时分已过大半

午夜时分已过大半，
　　满天星星大多落下，
快乐的朋友们，已经疲惫不堪，
　　无力宴坐，伸开四肢趴倒在椅下；

波森[1]却不这样；他的脑袋更加强健，
　　可以承载更多的美酒和希腊文化，
远胜剑桥所拥有；他挺直腰板，
　　点了点头，不知怎么还能说话。

"挺好，哦，巴克斯！他们已走，
　　他们无颜接近您的圣坛！
虔诚的信徒最好独自祈佑，
　　您的仆人也不应这样打颤。"

善良的灵魂哟

1　理查德·波森（Richard Porson，1759—1808），18世纪英国著名古典文学研究者、作家，剑桥大学三一学院希腊语教授，毕生致力于挽救古老的希腊文学，先后编辑了埃斯库罗斯（Aeschylus）和欧里庇得斯（Euripides）等古希腊著名剧作家的多部作品。波森因酷爱饮酒而闻名学界。

Then Bacchus too, like Porson, nodded,
　Shaking the ivy on his brow,
And graciously replied the Godhead,
　'I have no votary staunch as thou.'

1863

巴克斯，像波森一样，点头示意，

　　摇晃着额头的常春藤，

彬彬有礼地回答上帝，

　　"我没有您那么多虔诚信众。"

1863

善良的灵魂哟

A Sensible Girl's Reply to Tom Moore

'Our couch shall be roses all spangled with dew'
It would give me rheumatics, and so it would you.

1858

一位理智女孩对托马斯·莫尔的回答 [1]

"我们要把缀满露珠的玫瑰铺在沙发上"
这将让我不幸患上风湿病，您也一样。

1858

善良的灵魂哟

---

1 托马斯·莫尔（Sir Thomas More, 1478—1535），英格兰政治
家、作家、社会哲学家与空想社会主义者，欧洲早期空想社会主
义学说的创始人，以其名著《乌托邦》（Utopia, 1516）而名垂史册。
本诗摘自兰多的《臆想对话》。

On a Poet in a Welsh Church-yard

Kind souls! who strive what pious hand shall bring
The first-found crocus from reluctant Spring,
Or blow your wintry fingers while they strew
This sunless turf with rosemary and rue,
Bend o'er your lovers first, but mind to save
One sprig of each to trim a poet's grave.

1831

在威尔士教堂一位诗人墓地 [1]

善良的灵魂哟！你努力用虔诚的双手
从迟到的春天里带回最初盛开的番红花，
或是吹动你冬日的手指
让迷迭香和芸香布满幽暗的草地。
首先请向你爱的人们鞠躬致意，但是切记，
每样留下一枝去装饰一位诗人的墓地。

1831

---

1 诗中提到的诗人很可能是指亨利·沃恩。亨利·沃恩（Henry Vaughan, 1622—1695），英国诗人，玄学派晚期代表诗人之一。沃恩的墓地在威尔士中部布雷肯郡的兰萨夫雷德教区（Llansaintffraed, Brecon），离兰多在兰托尼（Llanthony）的庄园不远。

A Friend to Theocritos in Egypt

Kind Souls

Dost thou not often gasp with longdrawn sighs,
Theocritos, recalling Sicily?
Glorious is Nile, but rather give me back
Our little rills, which fain would run away
And hide themselves from persecuting suns
In summer, under oleander boughs,
And catch its roses as they flaunt above.
Here are no birds that sing, no sweeter flower
Than tiny fragile weak-eyed reseda,
Which faints upon the bosom it would cool.
Altho' the royal lotos sits aloof
On his rich carpet, spred from wave to wave,
I throw myself more gladly where the pine
Protects me, loftier than the palace-roof,
Or where the linden and acacia meet
Across my path, in fragrance to contend.

一位朋友致远在埃及的忒奥克里托斯 [1]

当你回想起西西里，忒奥克里托斯，
你是否会时常喟然长叹？
尼罗河灿烂辉煌，可我却宁愿要回
我们的涓涓细流，它们快乐地流淌，
悄声藏匿，远离肆虐的骄阳，
炎炎夏日，在夹竹桃树下，
采摘炫耀树梢的粉色鲜花。
这里没有歌唱的小鸟，没有芬芳的花朵，
只有娇小柔嫩不起眼的木犀草，
在大地的怀抱中醺醺欲睡渐渐变凉。
虽然尊贵的白莲花冷傲地坐在
华丽的绿毯上，四周泛起层层涟漪，
然而我却更乐意投入那松树的暖怀，
他守护我，远比那宫殿穹顶更加宏伟壮丽，
或是那些在我小径尽头相聚的
争芳斗艳的菩提树和相思树。

善良的灵魂哟

---

1 忒奥克里托斯（Theocritus，公元前310—前250），希腊诗人，西方田园诗的创始人。他的田园诗大多以故乡西西里岛蓝天下的牧场为背景，晚年在埃及的亚历山大（Alexandria）卜居。忒奥克里托斯的牧歌共30篇，计2701行，大部分都被保存下来。

Bring back the hour, Theocritos, when we
Shall sit together on a thymy knoll,
With few about us, and with none too nigh,
And when the song of shepherds and their glee
We may repeat, perchance and gaily mock,
Until one bolder than the rest springs up
And slaps us on the shoulder for our pains.
Take thou meanwhile these two papyrus-leaves,
Recording, one the loves and one the woes
Of Pain and Pitys, heretofore unsung.
Aside our rivers and within our groves
The pastoral pipe hath dropt its mellow lay,
And shepherds in their contests only try
Who best can puzzle.
    Come, Theocritos,
Come, let us lend a shoulder to the wheel
And help to lift it from this depth of sand.

1863

愿时光倒流，忒奥克里托斯，让我们
同坐在长满百里香的山坡上，
周围寥寥几人，若即若离，
牧人们唱起歌谣，神采飞扬，
我们时而跟唱，时而戏闹，
直至一位勇者一跃而起，
拍打我们的肩膀直至打痛。
你同时拿着两片纸莎草叶，
记住，一片是挚爱，另一片是悲哀，
那是因痛苦和怜悯而起，至今无人咏唱。
在小河边，在树林里，
牧人们的笛子奏出柔美的旋律，
他们竞相角逐，比一比
谁最能猜谜。

　来吧，忒奥克里托斯，
来吧，让我们齐心协力，
把那车轮从沙滩深处抬起。

1863

善良的灵魂哟

Milton

Will mortals never know each other's station
Without the herald? O abomination!
Milton, even Milton, rankt with living men!
Over the highest Alps of mind he marches,
And far below him spring the baseless arches
Of Iris, coloring dimly lake and fen.

1846

弥尔顿 [1]

世人是否永远无法知晓彼此的身份，
倘若没有信使告知？哎，可恨！
弥尔顿，甚至弥尔顿，竟然沦为众生！
他越过心中阿尔卑斯山的最高峰，
在他脚下深处腾空跃起一道彩虹 [2]，
把泥沼和湖池染得色彩朦胧。

1846

善良的灵魂哟

1　即约翰·弥尔顿（John Milton, 1608—1674），英国著名诗人，
代表作有《失乐园》（*Paradise Lost*, 1667）、《复乐园》（*Paradise
Regained*, 1671）和《力士参孙》（*Samson Agonistes*, 1660）等。

2　按照莫里斯·克莱格（Maurice Craig）所编辑的《兰多诗
歌100首 》（*Walter Savage Landor: One Hundred Poems*, Merrion/
Lilliput, London and Dublin, 2013）的注释，诗中的 iris 一词
指的是彩虹。

To Burns

Had we two met, blithe-hearted Burns,
Tho water is my daily drink,
May God forgive me but I think
We should have roared out toasts by turns.

Inquisitive low-whispering cares
  Had found no room in either pate,
Until I asked thee, rather late,
  'Is there a hand-rail to the stairs?'

1828

致彭斯 ¹

快乐无忧的彭斯，倘若我们有缘邂逅，
虽然我每日仅以清水为饮，
但是我料想，愿上帝宽宥，
我们或许早已高声欢呼，轮流举杯祝酒。

好事之徒津津乐道的私语
　在我俩的脑中无处可留，
直至我问你，过了许久，
"楼梯是否有扶手？"

1828

善良的灵魂哟

---

¹ 罗伯特·彭斯（Robert Burns, 1759—1796），苏格兰著名抒情诗人，被誉为苏格兰国民诗人，著名作品有《友谊天长地久》（*Auld Lang Syne*）和《一朵红红的玫瑰》（*A Red, Red Rose*）等。彭斯去世时，兰多21岁。

To Robert Browning

There is delight in singing, though none hear
Beside the singer; and there is delight
In praising, though the praiser sit alone
And see the prais'd far off him, far above.
Shakespeare is not our poet, but the world's,
Therefore on him no speech; and brief for thee,
Browning! Since Chaucer was alive and hale,
No man hath walkt along our roads with step
So active, so inquiring eye, or tongue
So varied in discourse. But warmer climes
Give brighter plumage, stronger wing; the breeze
Of Alpine highths thou playest with, borne on

致罗伯特·勃朗宁 [1]

歌中藏有欣喜，虽然除了歌者
谁也听不见，赞扬孕育快乐，
尽管赞扬者独坐仰望，
而受誉者遥不可及高高在上。
莎翁不光是我们的诗人，他属于全世界，
关于他无须赘述；却有片言对你诉说。
勃朗宁！自从活跃健壮的乔叟之后 [2]，
我们的同行者中，无人步伐
如此矫健，目光如此好奇，言语
如此丰富。然而温暖的气候
令你的羽翼更明亮，翅膀更强壮；
阿尔卑斯山吹来的微风和你嬉戏，

善良的灵魂哟

---

1 罗伯特·勃朗宁（Robert Browning，1812—1889），英国维多利亚时期诗人，主要作品有《戏剧抒情诗》（*Dramatic Lyrics*，1842）和《指环与书》（*The Ring and the Book*，1868）等。兰多和勃朗宁是挚友，两人因气质相近而导致诗歌风格一定程度上的相似。

2 杰弗雷·乔叟（Geoffrey Chaucer，1343—1400），英国小说家、诗人，被誉为"英国诗歌之父"。主要作品有小说集《坎特伯雷故事集》（*The Canterbury Tales*，1400）等。

Beyond Sorrento and Amalfi, where
The Siren waits thee, singing song for song.

1845

Kind Souls

载着你，飞越苏莲托和阿马尔菲，¹

那里塞壬在等候你，与你对歌。²

1845

善良的灵魂哟

---

1 苏莲托（Sorrento），意大利那不勒斯海湾的一个小镇。远处有埋葬庞贝古城的维苏威火山（Vesuvius）偶尔冒出的轻烟，因风景优美而被誉为"那不勒斯海湾的明珠"。阿玛尔菲（Amalfi）位于那不勒斯南边，阿马尔菲海岸被联合国教科文组织批准作为文化遗产列入《世界遗产名录》，并被美国《国家地理》杂志评为一生中必去的51个美丽的地方之一。

2 塞壬（Siren），希腊神话中一名人面鱼身的海妖，飞翔在大海上，拥有天籁般的歌喉，常用歌声诱惑过路的航海者而使航船触礁沉没，而船员则成为塞壬的腹中餐。

On Southey's Tomb

Few tears, nor those too warm, are shed
By poet over poet dead.
Without premediated lay
To catch the crowd, I only say,
As over Southey's slab I bend,
The best of mortals was my friend.

在骚塞墓前 [1]

几滴眼泪掉下，很少几分暖意，
在一位又一位故去的诗人墓地。
没有事先准备好的哀诗
去吸引人众，这是我唯一的说辞，
在骚塞的墓碑前我鞠躬致候，
这位人中英杰是我的朋友。

善良的灵魂哟

---

1 罗伯特·骚塞，英国作家，湖畔派诗人之一，1813年被英国
国王封为桂冠诗人。骚塞和兰多是终生挚友，本诗是兰多为纪念
好友所写的悼诗，创作年代不详。

Come Back, Ye Wandering Muses

回来吧，你漂泊的缪斯

Proem

Come back, ye wandering Muses, come back home,
Ye seem to have forgotten where it lies:
Come, let us walk upon the silent sands
Of Simöis, where deep footmarks show long strides;
Thence we may mount perhaps to higher ground,
Where Aphroditè from Athenè won
The golden apple, and from Herè too,
And happy Ares shouted far below.
  Or would ye rather choose the grassy vale

序诗 [1]

回来吧，你漂泊的缪斯，回家吧，

你似乎已经忘了家在何方：

回来吧，让我们行走在寂静的西摩伊斯河 [2] 的沙滩上，

那里深陷的脚印显示曾经的流星大步；

从那里我们或许能爬到更高的地方，

那是阿佛洛狄忒从雅典娜手中赢取

金苹果的地方，[3] 也是从这里，

阿瑞斯 [4] 欢快地在遥远的山下大声高呼。

　　或许，你更愿意选择绿茵覆盖的山谷？

1　本诗是兰多的《古希腊人》(*Hellenics*) 第二版的开卷篇。

2　西摩伊斯河 (Simöis)，希腊神话中的河流，荷马在其长篇史诗《伊利亚特》(*Iliad*) 中对此河流做过描述。

3　阿佛洛狄忒 (Aphroditè)，希腊神话中爱情与美丽的女神，因诞生于海洋，还被奉为航海的庇护神。雅典娜 (Athenè)，希腊神话中智慧女神和战争女神。金苹果 (The golden apple)，希腊神话中的著名宝物，天后赫拉、智慧女神雅典娜与爱神阿佛洛狄忒对金苹果的争夺间接导致了长达十年的特洛伊战争。

4　阿瑞斯 (Ares)，希腊神话中的战争之神，被视为尚武精神的化身。

Where flows Anapos thro anemones,

Hyacynths, and narcissuses, that bend

To show their rival beauty in the stream?

  Bring with you each her lyre, and each in turn

Temper a graver with a lighter song

1859

那里静静流淌的安纳波斯河 *1*
流过俯身在溪流中竞相争艳的
银莲、风信子和水仙。
　　请你们每人都带上她的竖琴，
轮流用轻柔的歌曲去舒缓沉重的心情。

1859

回来吧，你漂泊的缪斯

1　安纳波斯（Anapos），古希腊神话中的西西里河神，因反对绑架冥界王后珀耳塞福涅（Persephone），被冥王哈迪斯（Hades）变成河流。该河从锡拉库拉流入地中海。

Dirce

Stand close around, ye Stygian set,
  With Dirce in one boat conveyed!
Or Charon, seeing, may forget
  That he is old and she a shade

1831

狄耳刻 [1]

就站在近旁，你冥河的群灵，
　　和狄耳刻同船渡江！
或许卡戎 [2]，看见了，却可能遗忘
　　他已年迈，而她只是个阴影

1831

回来吧，你漂泊的缪斯

---

1 狄耳刻（Dirce），希腊神话底比斯国王吕科斯（Lycus）的后妻。吕科斯遗弃前妻安提奥珀（Antiope）后娶其为妻。婚后狄耳刻迫害安提奥珀及其儿子安菲翁（Amphion）和仄忒斯（Zethus），并扬言要把她挂在牡牛犄角上。安菲翁和仄忒斯长大后为母亲复仇，反将狄耳刻绑在牛角上，在岩石上撞死。吕科斯也被斩杀。狄耳刻死后变成喷泉。

2 卡戎（Charon），希腊神话中的冥河渡神。古希腊人认为，人死后，其阴魂由信使赫尔墨斯（Hermes）送至冥河，然后搭乘卡戎的渡船到达冥都。阴魂渡河需要付费，为此古希腊人往往在死者口中放上一枚钱币。希腊神话中的多位英雄，如奥德修斯（Odysseus）、狄俄尼索斯和忒修斯（Theseus）等在往返幽冥两界时都搭乘卡戎的渡船。

Corinna to Tanagra

Come Back, Ye Wandering Muses

Tanagra! think not I forget
Thy beautifully-storied streets:
Be sure my memory bathes yet
  In clear Thermodon, and yet greets
The blythe and liberal shepherd-boy,
Whose sunny bosom swells with joy
When we accept his matted rushes
Upheav'd with sylvan fruit; away he bounds, and blushes.

I promise to bring back with me
What thou with transport wilt receive,

科林娜致塔纳格拉 [1]

塔纳格拉！别以为我已经遗忘
你有着美丽传说的街巷：
请相信我的记忆徜徉在
　　清澈的瑟摩敦河 [2]，我要去迎见
那快乐明朗的牧羊少年，
他洒满阳光的胸脯因喜悦而饱满，
当我们迎接脏湿蓬乱的他快步跑来，
树林里的果子随之跃动；他跳着跑开，满脸绯红。

我许诺我将带回
让你欣喜若狂，

1　本诗选自《伯里克利和阿斯帕齐娅》。科林娜（Corinna），古
希腊抒情女诗人，其作品大多以故乡维奥蒂亚（Boeotia）神
话为主题，现仅存残篇。有评论家称其为萨福之后最伟大的女
诗人，也有人认为其作品可与著名诗人品达相媲美。塔纳格拉
（Tanagra），古希腊维奥蒂亚州小镇，科林娜的故乡，因1874年
出土的公元前三世纪左右的精美陶俑而闻名。陶俑的形象多为衣
着华丽的希腊妇女形象，在19世纪的欧洲艺术界一度引起轰动。

2　瑟摩敦（Thermodon），安纳托利亚（Anatolia，现位于土耳
其）的河神。瑟摩敦河从传说中的亚马逊部落首府塞米斯卡拉
（Themyscira）流入黑海。

The only proper gift for thee,
Of which no mortal shall bereave
In later times thy mouldering walls,
Until the last old turret falls;
A crown, a crown from Athens won,
A crown no God can wear, beside Latona's son.

There may be cities who refuse
To their own child the honours due,
And look ungently on the Muse;
But ever shall those cities rue
The dry, unyielding, niggard breast,
Offering no nourishment, no rest,
To that young head which soon shall rise
Disdainfully, in might and glory, to the skies.

Sweetly where cavernt'd Dirce flows
Do white-arm'd maidens chaunt my lay,
Flapping the while with laurel-rose
The honey-gathering tribes away;
And sweetly, sweetly, Attick tongues
Lisp your Corinna's early songs;
To her with feet more graceful come

而又唯一适合你的礼物，

世上无人能把它夺抢，

后来你的墙面开始腐烂，

直至最后的古老塔楼轰然崩坍；

一顶皇冠，在雅典赢得的皇冠，

除了拉托娜¹的儿子，上帝都不能佩戴。

有些城市曾经婉拒

赐予自己孩子应有的荣誉，

它们冷眼漠视缪斯女神，

然而这些城市将永远悔恨，

那干枯、不屈、吝啬的乳房，

将不再为年轻人奉献憩息和滋养，

而那青春的灵魂即将升入天空，

轻蔑地，带着力量和辉煌，飞入天穹。

狄耳刻泉²甜美地在山洞流淌，

手臂白皙的少女哼唱我的诗行，

她们用月桂花拍击，

让那采集花蜜的部落离去；

甜美地，甜美地，用希腊古语

含混地唱出科林娜早年的歌曲，

迈着更加优雅的步子向她带捎

---

1 拉托娜（Latona），罗马神话中的泰坦女神，阿波罗（光明、预言、音乐和医药之神）的母亲。

2 参见诗歌《狄耳刻》注释1。

The verses that have dwelt in kindred breasts at home.

O let thy children lean aslant
Against the tender mother's knee,
And gaze into her face, and want
To know what magic there can be
In words that urge some eyes to dance,
While others as in holy trance
Look up to heaven; be such my praise!
Why linger? I must haste, or lose the Delphick bays.

1836

那乐居家园亲人们心中的歌谣。

哦，让你的孩子们斜倚，
靠着温柔母亲的双膝，
凝视她的脸庞，去探秘
那些话里究竟有何魅力，
能使双眸翩跹起舞，
当他人带着神圣的恍惚，
抬头仰望天空，那是我的赞叹！
为何彷徨？我得赶路，否则就到不了德尔菲[1]海湾。

回来吧，你漂泊的缪斯

1836

---

[1] 德尔菲（Delphick），希腊中南部一座海湾小镇，位于雅典西北170公里处，是古希腊神谕的发源地。古希腊人认为德尔菲是地球的中心，"地球的肚脐"。享誉世界的德尔菲神庙即坐落于此，据传，这是阿波罗神昭晓其神谕的地方，现已列入联合国教科文组织批准的世界遗产名录。

Cleone to Aspasia

We mind not how the sun in the mid-sky
Is hastening on: but when the golden orb
Strikes the extreme of earth, and when the gulphs
Of air and ocean open to receive him,
Dampness and gloom invade us; then we think
Ah! thus it is with Youth. Too fast his feet
Run on for sight: hour follows hour: fair maid
Succeeds fair maid; bright eyes bestar his couch;
The cheerful horn awakens him; the feast,
The revel, the entangling dance, allure,
And voices mellower than the Muse's own
Heave up his buoyant bosom on their wave.
A little while, and then … Ah Youth! dear Youth!
Listen not to my words … but stay with me!

克雷欧妮致阿斯帕齐娅 [1]

我们不在意悬挂半空的太阳如何
行色匆匆：但是当那金色的球体
撞击地球顶端，当海湾的空气
和大海张开臂膀迎接他的到来，
潮湿和幽暗便侵染我们；我们因而遥想，
啊！青春便是如此，它健步如飞，
为了这景色不停奔跑：昼夜不歇：美丽的少女
鱼贯而出；明眸如星星般布满他的卧榻；
欢快的号角惊醒了他；盛宴，
狂欢，缠绵的舞蹈；诱惑，
还有比缪斯更加柔美的声音
在波浪中愉快地鼓起胸膛。
瞬间，然后……啊，青春！亲爱的青春年华！
不必听我说话……但要和我在一起！

回来吧，你漂泊的缪斯

1　本诗选自兰多的《伯里克利和阿斯帕齐娅》。克雷欧妮
（Cleone），河神阿索波斯（Asopus）的女儿，古希腊克雷欧尼小
镇的水泽仙女。阿斯帕齐娅（Aspasia），古希腊杰出的政治家伯
里克利的情人，雅典社会名流。

When thou art gone, Life may go too: the sigh
That follows is for thee, and not for Life.

1836

当你离去，生命也将同去：随之而来的
叹息因你而起，却不为生命的消逝。

1836

回来吧，你漂泊的缪斯

'In Clementina's artless mien'

In Clementina's artless mien
Lucilla asks me what I see,
And are the roses of sixteen
  Enough for me?

Lucilla asks, if that be all,
Have I not cull'd as sweet before …
Ah yes, Lucilla! and their fall
  I still deplore.

I now behold another scene,
Where Pleasure beams with heaven's own light.
More pure, more constant, more serene,
  And not less bright …

Faith, on whose breast the Loves repose,
Whose chain of flowers no force can sever,
And Modesty who, when she goes,
  Is gone for ever.

1831

克莱门蒂娜的纯真颜华

克莱门蒂娜的纯真颜华，
露西拉问我从中看到什么，
还问十六朵玫瑰花，
　　于我而言是否够了？

露西拉问，如果这就是全部，
我是否从未挑选过这样的芬芳玫瑰……
啊，是的，露西拉，它们的凋枯，
　　我至今依然伤心叹悔。

眼下我看到另一番景象，
快乐和天堂的光芒齐聚一堂。
更加纯洁，更加恒久，更加安详，
　　依然灿然光亮……

忠诚，爱恋正在它的胸脯小憩，
它那串串鲜花任何力量都无法摧毁，
而谦逊，当她离去，
　　也将永不再回。

1831

'On love, on grief'

On love, on grief, on every human thing,
Time sprinkles Lethe's water with his wing.

1836

在爱情里，在悲哀中 [1]

在爱情里，在悲哀中，在每一件人事里，
时光总用它的羽翼喷洒忘却之河 [2] 的水滴。

1836

回来吧，你漂泊的缪斯

---

[1] 本诗选自兰多的《伯里克利和阿斯帕齐娅》。

[2] 忘却之河（Lethe），古希腊神话冥界中的遗忘之河，冥府中五条河流之一。根据传说，亡魂须饮此河之水以忘掉人间事。

'Demophilè rests here'

Demophilè rests here: we will not say
That she was aged, lest ye turn away;
Nor that she long had suffered: early woes
Alone can touch you; go, and pity those!

1836

德莫菲尔在此憩息 [1]

德莫菲尔在此憩息：我们不会说起
她的垂暮年华，生怕你会转身离去；
也不会说起她长期的磨难：单是早年的苦痛
便能打动你；去吧，哀怜那些吧！

1836

1　本诗选自兰多的《伯里克利和阿斯帕齐娅》。

'The mermaid sat upon the rocks'

The mermaid sat upon the rocks
All day long,
Admiring her beauty and combing her locks,
And singing a mermaid song.

And hear the mermaid's song you may,
As sure as sure can be,
If you will but follow the sun all day,
And souse with him into the sea.

1834

美人鱼凝坐岩崖 [1]

美人鱼凝坐岩崖，
朝朝暮暮，
自赏芳容，梳理秀发，
吟唱美人鱼歌曲。

听着这美人鱼的歌曲，
你定能确定无疑，
你是否真的愿意整日追随太阳，
和她一起沐浴在一泻汪洋里。

1834

回来吧，你漂泊的缪斯

1　本诗摘自兰多的《威廉·莎士比亚引文和考证》（*Citation and Examination of William Shakespeare*，1891）。

Leontion on Ternissa's Death

Ternissa! you are fled!
I say not to the dead,
But to the happy ones who rest below:
For surely, surely, where
Your voice and graces are,
Nothing of death can any feel or know.
Girls who delight to dwell
Where grows most asphodel,
Gather to their calm breasts each word you speak:
The mild Persephone
Places you on her knee,
And your cool palm smoothes down stern Pluto's
cheek.

1846

利翁蒂姆哀叹特尼莎之死 [1]

你逃跑了！特尼莎！

我不是对着死者说话，

而是面向长眠地下快活的人们：

因为确实，确实，

哪里有你们的声音和风采，

哪里就无人能感受或知晓死亡的存在。

女孩们快乐地生活在

水仙花盛开最茂盛的地带，

你的每一个字都汇聚在她们恬静的胸膛：

温柔的珀耳塞福涅 [2] 冥后，

把你搂在她的膝头，

你平静的手掌舒缓了冥王冷峻的脸庞。

1846

1　利翁蒂姆和特尼莎（Leontion and Ternissa）是古希腊著名哲学家伊壁鸠鲁（Epicurus，公元前341—前270）最有名的两个女学生。在兰多的《臆想对话》中，有伊壁鸠鲁和两位女子共同出现的情节，兰多在散文发表后又创作了以相同人物为主题的诗歌，哈代和叶芝也曾效仿这种做法。

2　珀耳塞福涅（Persephone），古希腊神话中的冥界王后，冥王哈迪斯的妻子。哈迪斯在古罗马神话中称"Pluto"。

回来吧，你漂泊的缪斯

'Why do I praise a peach'

Why do I praise a peach
Not on my wall, no, nor within my reach?
Because I see the bloom
And scent the fragrance many steps from home.
Permit me still to praise
The higher Genius of departed days.
Some are there yet who, nurst
In the same clime, are vigorous as the first,
And never waste their hours
(Ardent for action) among meadow flowers.
Greece with calm eyes I see,
Her pure white marbles have not blinded me,
But breathe on me the love
Of earthly things as bright as things above:
There is (where is there not?)
In her fair regions many a desert spot;

我为什么要把桃子赞扬

我为什么要把桃子赞扬？
它不在墙上，也不在我身旁，
可是因为我看到桃花盛放，
离家好几步就能闻到清香。
请允许我还要在此称道
往昔岁月里的人中英豪，
有些人安常守故，
在同一地区休养生息，强健如初，
他们从不在花草甸上
（欢腾雀跃）蹉跎时光。
我用平静的目光审视希腊，
她洁白纯净的云石没使我心乱眼花，
却向我呼出对世间万物的爱慕，
它们和天国宝物一样光辉夺目：
那里有（哪里没有？）
她美丽的领地里有许多荒野沙漠；

Neither is Dircè clear,

Nor is Ilissus full throughout the year.

1853

既没有清澈的狄耳刻泉水流淌，
也没有终年丰盈的伊利索斯河水荡漾。

1853

回来吧，你漂泊的缪斯

Invocation to Sleep

Sleep! who contractest the waste realms of night,
  None like the wretched can extoll thy powers:
We think of thee when thou art far away,
We hold thee dearer than the light of day,
  And most when Love forsakes us wish thee ours ...
  O hither bend thy flight!

Silent and welcome as the blessed shade
  Alcestis, to the dark Thessalian hall.
When Hercules and Death and Hell obeyed
  Her husband's desolate despondent call.

祈求入眠

睡眠！你和夜的荒原达成协议，

　　没人像这可怜虫那样赞叹你的威力：

当你杳然离去，我们思念你，

你比白日的光焰更加令人珍惜，

　　尤其当遭遇爱情抛弃，真心希望你和我们在一起……

　　哦，请你的飞行转弯，就在这里！

静静地，欢迎你，当浓荫护佑着

　　阿尔刻提斯，向黑暗的色萨利[1]神殿行走。

当赫拉克勒斯[2]、死亡和地狱回应了

　　她丈夫悲伤绝望的呼救。

1　色萨利（Thessaly），希腊神话中英雄阿喀琉斯（Achilles）和伊阿宋（Jason）的故乡，荷马和其他诗人在诗歌中都曾对色萨利作过描述。

2　赫拉克勒斯（Hercules），希腊神话中的英雄，他神勇无比，惩恶扬善，力大无穷，完成了12项被称为"不可能完成"的任务，还解救了被缚的普罗米修斯，隐藏身份参加了伊阿宋的英雄冒险队并协助他取得金羊毛。在得知阿尔刻提斯去世的消息后，赫拉克勒斯愤然问责死神，通过一场较量把死神打败，救回了阿尔刻提斯。为此，死神对他怀恨在心，后来让他在死亡过程中遭受了巨大的痛苦。

What fiend would persecute thee, gentle Sleep,
  Or beckon thee away from man's distress?
Needless it were to warn thee of the stings
That pierce my pillow, now those waxen wings
  Which bore me to the sun of happiness,
    Have dropt into the deep.

1846

Come Back, Ye Wandering Muses

是什么恶魔逼迫你，温柔的睡眠，

　或是诱惑你从人们的愁眠中离去？

毋庸说，它仿佛在提醒你，那蛰针

正刺入我的睡枕，那一双载着我，

　飞向快乐太阳的蜡制翅膀，[1]

　已然跌入深渊。

1846

回来吧，你漂泊的缪斯

1　出自希腊神话中有关克里特迷宫的故事。传说雅典的代达洛斯（Daedalus）为克里特王盖了一座迷宫，盖完后自己却被困在宫里。为了逃生，代达洛斯为自己及儿子伊卡鲁斯（Icarus）用蜂蜡和羽毛制成两双翅膀，父子俩打算借此飞出迷宫。途中，伊卡鲁斯飞得太高，太阳灼热的光芒把粘贴翅膀的蜂蜡融化了，他不幸坠入大海。16世纪尼德兰地区的著名画家勃鲁盖尔（Bruegel　Pieter）以此为题创作了名画《伊卡鲁斯》。著名英国诗人奥登（W. H. Auden）在其名诗《美术馆》（*Musee des Beaux Arts*）中也描绘了此情景。

附录

解读兰多

论兰多的短诗

亚当·罗伯茨　著
卢芬芳　译
刘守兰　审订

作者与作品简介 [1]

　　亚当·罗伯茨（Adam Roberts），作家、伦敦大学皇家霍洛威学院19世纪文学教授，主攻浪漫主义和维多利亚时代文学，曾发表多篇研究文章，并已出版14部小说和多个短篇。

　　本文选自亚当·罗伯茨的专著《兰多之纯净——沃尔特·萨维奇·兰多研究》（Landor's Cleanness: A Study of Walter Savage Landor. Oxford University Press，2014），该书是首部对兰多作品的综合研究，作者以"纯净"（cleanness）为关键词，解读多声部、充满异质性的兰多作品，涉及兰多70多年写作生涯

---

1 "作者与作品简介"为译者所加。——编注

中以英语和拉丁语写作的诗歌、散文、戏剧以及历史小说。该书既包括对作者生平和作品的理解，也包括对其作品的批判性解读和对诗歌本质的询问，它试图重构浪漫主义和维多利亚时代的写作版图，帮助我们重新理解兰多的写作曾享有的杰出声誉：作为他那个时代的重要作家，兰多既具有鲜明的19世纪风格，又与21世纪的我们密切相关。

在上一章中，我提出了兰多的传记或许会玷污其作品的观点。对于和我同代的批评家来说，这样的说法有点难以接受，我提出这一论点是基于巴特的"作者之死"的观点，同时我也意识到文学批评应聚焦于文本和语境，而非作者生平。但我的论述重点其实并不在于批判理论对文学传记的非难。兰多的有些诗作，通过精心营造的克制与隐秘氛围，把平淡的感觉编织成一种缜密、美丽而纠结的思绪，借此把其生平经历融入艺术，其中不乏他的许多最出色、最辉煌的篇目。这些诗歌无一例外地描写有关生活和理想的污点，但这些污点却被处理得十分含蓄委婉（我们能感到，这是诗人出于谨慎），于是健康与疾病、衰败与纯洁之间的张力使整部作品显得诗意朦胧。我先以兰多最著名的一首短诗《罗丝·艾尔默》为例：

Ah what avails the sceptred race,
　Ah what the form divine!
What every virtue, every grace!
　Rose Aylmer, all were thine.
Rose Aylmer, whom these wakeful eyes
　May weep, but never see,
A night of memories and of sighs
　I consecrate to thee.

啊，是什么把这权杖一族护佑，
　啊，身姿宛若天仙！
贤良淑德，仪态万千！
　罗丝·艾尔默，你坐拥这所有。
罗丝·艾尔默，这无眠的双眼，
　为你哭泣，却永难再相见。
彻夜的回忆和哀叹，
　我全都奉献给你。

这首短小的挽歌以含蓄委婉的方式释放出情感。

诗歌本身讲述的很少，诗句的不言之蕴须借助字句之外的知识解读。第一行中，之所以采用"手持权杖"（sceptred）这个词，是因为艾尔默家族是"爱德华一世第23代后人，且似乎曾经自称是查理曼和其他三位皇室祖先的血脉"（Super, 517）。但是，即使坐拥高洁、优雅与神圣的姿容，"手持权杖"的罗丝还是因加尔各答的传染病（霍乱）而香消玉殒。

我们该如何评论这首短小的挽歌？诗作的前四行表达了这样一种情感：既然姣好容颜、良好教养和美好德行都不能阻止你的早逝，那所有这些又有什么用呢？但是，这四行诗句语气太平稳，难以引出普遍的存在主义式的焦虑；再如诗歌最后四行（仅仅是一夜的追忆与叹息？没有更多了？显然不是撕心裂肺的丧亲之痛吧），这里对悲痛的表达设立了界限以及克制的规范。汉利指出，这首诗的初版（没有提到亡者的名字，题目不是《罗丝·艾尔默》，而是《为艾尔默而作》，而第二个版本改为《甜美的艾尔默》）出于"审慎的考虑"而避免了具体的指名道姓（Hanley, 218）。当然，缄默永远比滔滔不绝更有说服力，它确实能打动人心，然而它又被卡在特殊和普遍之间：由于很少有早逝者可被称为"权杖一族"（the sceptred race），这样的处理使本诗或成为一次特殊的、早已过去并淡化的失亲之哀的记录，或令其混入普遍适用性的元素。我认为尤其有趣的是，诗人精心设计的正规形式平衡着通篇成对出现的元素，如两段式的诗行，两次出现的姓名，以及成对出现的词语：王权／天赐、美德／优雅、悲哀／叹息等。这就促使我们去思考第一句中的"权杖"与最后一句中的"奉献"之间的关联，而引动本诗的致命的"败血症"也在其中飘荡着几分回响。当然，这一点在诗中没有明确提及，我们更多是从兰多的生平中得知的。然而这一点在文本中被呈现的程度，其实就等同于诗人对女孩理想化的爱慕被死亡的残酷事实所玷污或腐蚀的程度，这里产生了一种非凡甚至异乎寻常的精致和微妙的诗意效果。从字面看，女孩的名字 Aylmer（兰多有意选择它与 avails 一词构成谐音）挑逗般地引出 ailment 一词——于是，诗歌仿佛在问：what is't that ails thee, Aylmer Rose?（什么使你抱恙，罗丝·艾尔默？）而这里的 Rose（玫瑰），早已染上布莱克在"经验之歌"中所定义的疾患。因而，与其说是"哦，玫瑰，你病了"，不如说是"哦，玫瑰，你已故去……"

让这首抒情诗摆脱平淡的要素之一是它格外细腻

的音乐性，这也是兰多式"纯净"的又一侧面。诗歌前两行开头咏叹出"Ah，Ah"，与第四行、第五行罗丝姓氏中的"Ay，Ay"相衔，构成内韵（"wake""may"）的同时，应和着全诗的第一个实韵（"race""grace"）。从"ah"到"ai"，再到"night""sigh""I"，它们与诗中第二个实韵（"vine""thine"）相应和，相互交错，纷杂却又和谐。不仅如此，我们还以类似拟声的方式将几个表示悲哀的音节串在一起：英语中的"ah!"，古典语言中的"ai"（αἲ 即古希腊语中表示哀叹的词）。

这是一首伪装成挽歌的爱情诗，在我们看来，它代表了兰多爱情诗的原型：对于兰多来说，爱情总是已经被什么东西玷污。这其实正是兰多作为爱情诗人的洞察力所在：他明白爱情正是在遭遇阻碍时才最像爱情。如果说死亡是命运在两个恋人之间设置的最极端的障碍的话，那么《罗丝·艾尔默》就是这样一种极限状况。但是，我们又都能明白这么一个违背直觉的现象：死亡在某种意义上恰恰不是爱情的阻碍。这也是阿尔克提斯神话中的存在与情爱的真理：死亡远非爱情的结束，它是爱情的根本基础。这一说法涉及各种限制对欲望的决定作用，也在一定程度上说明为何爱一个死人比爱一个活人更容易：因为爱一个死人就是让你的欲望萦绕于一个不变的理想，而这个理想的构成原理则由想象层面决定。相反，爱一个活生生的人，则意味着需要面对人类各种互动中所必要的谈判和妥协。死亡当然阻碍了爱情圆满的可能性，但对于爱情本身来说，死亡更是燃料而不是灭火器。兰多的诗作明白这一点，正是它赋予其略显冷峻、庄重而平和的诗歌氛围以沉重的情感负荷。这块抛光的大理石放在那里，不是为了招揽人们对光洁质地和坚固性的赞美，而是作为充满爱情的心灵中那冰凉的石头碎片而存在的。

这里我想通过解读伊安忒组诗以阐明我的观点，这是兰多继《罗丝·艾尔默》（最出色地把本人经历融入诗歌的典范）之后的又一佳作。根据传记的说法，这些抒情诗源于兰多对索菲亚·简·斯威夫特的暗恋。"Ianthe"可能来自"ane"，对于一位拉丁语学者来说，这并不完全是一个意义模糊的化名。这些诗可说是同类型诗作中有史以来最真挚动人的作品。我这里所说的"同类型"指某种特定的范畴。兰多在诗歌中也描写过类似阿诺德对玛格丽特、济慈对范妮·布劳恩那种无望的爱，然而他却有其独特的、复杂情感的视角，以突出他自己的关键主题：爱的不可能性和必然性同时存在。"Ianthe"不仅仅是Jane与theta的组合，它同时勾勒出一幅清晰的"我和你"（I and thee）的字样，一个美满却无法实现的梦。兰多在奥维德那里找到这个名字，那是一个女孩经历受阻而无望的爱情的故事，而他在这种纯净无瑕的状态中找到了产生巨大情感力量的神奇方法。

当然，兰多的诗和阿诺德抒写他和玛格丽特之间阻碍的哀伤的诗有诸多重要的区别。兰多不仅承认这些阻碍，还主动敦促自己克制那不恰当的激情（1803年斯威夫特嫁给了一位表亲）。他写到病中的伊安忒：

She leads in solitude her youthful hours,

Her nights are restlessness, her days are pain.

O when will Health and Pleasure come again,

Adorn her brow and strew her Path with flowers,

And wandering wit relume the roseate bowers,

And turn and trifle with his festive train?

Grant me, O grant this wish, ye heavenly Powers!

All other hope, all other wish, restrain.

她在孤独中度过青春年岁

痛苦的白天，不安的夜晚，

唉，健康和快乐何时复返，

描画秀眉，用鲜花把小路点缀，

飘荡的智慧再次点亮粉色清闺，

在他欢庆的列车上嬉闹欢跃？

满足我吧，满足这个愿望，上苍的神力！

所有别的心愿，别的企盼，全都放弃。

　　这首诗的开头表达了希望爱人康复的愿望（健康
和快乐被比喻为婚礼的花车，能治愈她青春时光的孤
独），唯有最后一行透露出一种更为复杂的双重愿望：
希望爱人康复的同时，诗人不希望这一愿望中掺杂任
何浪漫或情色的想法。这个自我取消的"我希望我不
能希望"，是一个醒目的不和谐音符，诗歌至此戛然
而止。这里其实包含了一种对欲望之矛盾本质的洞察，
从而弥补了诗歌中某些极其笨拙的手笔（我不相信在
兰多的其他诗作中还有比'And wandering wit relume
the roseate bowers'更俗气的句子）。

　　《你在我心上，伊安忒》（1846）一诗则过多责备
了诗人对伊安忒冰冷纯洁而又忠贞的爱情：

Thou hast not rais'd. Ianthe. such desire

In any breast as thou hast rais'd in mine

No wandering meteor now, no marshy fire

Leads on my steps, but lofty, but divine

And if thou chillest me, as chill thou dost

When I approach too near, too boldly gaze,

So chills the blushing morn, so chills the host

Of vernal stars, with light more chaste than day's.

你在我心上，伊安忒，激起了

任何人不曾有过的欲望，

如今引领我前进的，不再是沼泽火焰，

也不再是徘徊的流星，而是高贵神圣的光芒：

倘若你使我浑身冰凉，恰如寒气之于你，

当我靠得太近，太大胆地凝视你，

你用比白昼更圣洁的光亮，冰冷了

嫣红的晨曦，和无数春日的星星。

　　这可能是19世纪最冰冷的一首爱情诗。有趣的是兰多在描述他对伊安忒崇高神圣的爱情时，是通过与其截然相反的事物进行对比来呈现的，比如"徘徊的流星"和"沼泽火焰",就是将恒稳与易变的特质相比较。关键是,这两个例子不仅提到火焰,而且还都是冷焰(cold fires)。诗人似乎试图强调他的爱情冰凉纯洁,所以不断重申他的热情并不灼烈,也不危险,这实际上是试图把他和他心爱之人特有的冰冷区分开来。诗歌的最后一行将一系列意象串在一起:寒冷、黑夜、星星、爱情,尤其是把诗人和所有其他人对伊安忒的爱慕相比较,就这样用莎士比亚的典故巧妙地改写了全诗:奥赛罗拒绝向纯洁的星星说出自己的动机,为的是转移他因凶残的嫉妒而产生的情欲狂乱。初读《你在我心上,伊安忒》一诗的前两行时,似乎看不出因妒意而引发的竞争中那种奥赛罗式的狂怒,但若把整首诗看作诗人情绪的压抑和克制,则可清晰地看到诗人显然把第二行中隐含的"他人"(others)视作情敌。

与此相反的是同卷诗集中的《伊安忒的烦恼》:

Your pleasures spring like daisies in the grass,

Cut down and up again as blythe as ever;

From you, Ianthe, little troubles pass

Like little ripples in a sunny river.

你的快乐如跳跃不息的草丛雏菊，

割下，依然破土生长，快乐如往昔；

伊安忒，小小纷扰，会从你身旁离去，

恰似微微涟漪闪耀在明媚的波光里。

此处饶富趣味的小落差与情感的定位有关。本诗写的是伊安忒的快乐和烦恼，还是关于她为其他人（比如说诗人）带来的快乐和烦恼？第三行的"from you"，在这两种解释中都说得通。

拉丁语对兰多的诗学来说是相当重要的存在，他曾创作过几首只有略谙拉丁语的读者方能真正理解的英语诗歌。下面这首是诗人晚年发表的伊安忒抒情诗，首次发表于1863年：

Well I remember how you smiled

　To see me write your name upon

The soft sea-sand···'O! what a child!

　You think you're writing upon stone!'

I have since written what no tide

　Shall ever wash away, what men

Unborn shall read o'er ocean wide

And find Ianthe's name again. [15: 402]

我清晰地记得你怎样微笑，

　　看着我把你的名字写在，

柔软的沙滩上……"哦！傻孩子！

　　你以为你写在石头上！"

从那以后我写下的诗行，

　　海潮一直没能把它抹掉，

来世的孩子们将远渡重洋前来诵读，

　　再把伊安忒的芳名重新找到。（15: 402）

　　一般认为，这首诗不仅希望读者能辨认出其中的贺拉斯原型（"Exegi monumentum ære per ennis"，意为"我塑造了一座比青铜更持久的纪念碑"），而且我们可以更进一步。兰多的这首抒情诗还与拉丁文的谐音双关语 æreus（用青铜制成的）和 arena（沙子，海边）有关，诗人兰多用沙子堆起（arenosus）的纪念碑比青铜的（ær）更耐久。这两者当然都能说明，文字的生命力将超越用以承载它们的媒介，而兰多在诗歌中还曾巧妙戏弄其材质——当伊安忒责备叙述者"你以为你写在石头上！"读者会忍不住回应道：沙子当然是石头的一种。我们还可以说，沙子其实是变形的石头，后者经海水彻底冲刷后，从一种形态变成另一种。

神话也在这里与之形成互文。海水泡沫就这样翻滚着，冲刷着沙滩上的字迹，它在希腊语中写作"aphros"，是女神阿佛洛狄忒（Aphrodite）名字的由来（传说她诞生于海水泡沫中）。然而海水泡沫还和精液有关，根据这令人瞠目结舌的神话，克洛诺斯的生殖器被割下并扔进大海，而孕育了阿佛洛狄忒的泡沫其实就是从生殖器流出的奶油状物质。在这首诗的第四、第五行，兰多从过去步入未来，想象着海水泡沫与"伊安忒"互动的时刻，这将催发新一代的诞生。

他赞美戈黛娃（Godiva）夫人的六节诗同样书写了性欲望的母体。

In every hour, in every mood,

O lady, it is sweet and good

To bathe the soul in prayer,

And, at the close of such a day,

When we have ceased to bless and pray,

To dream of thy long hair.

每个时刻，每种心绪，

哦，夫人，让灵魂沐浴在祈祷里，

多么甜蜜，多么美好，

然而，当夜幕降下，

当我们停止了祝福和祈祷，

我梦见你长长的秀发。

　　据兰多说，这首诗是他在拉格比公学时写的，当时还是个小学生。全诗五行写祈祷，一行写情色遐想，这一比例看起来就像是想象力在和自己讨价还价：许许多多的虔敬，换一点感官上的放纵。这本身再清晰不过地表明，诗中的欲望不仅被压抑，而且实际上是由这种限制所产生的。尚处学童时代的兰多是否真如诗中所说，梦见了戈黛娃的长发？还是他更可能梦到被长发遮住的部分？这首小诗给出也许是反直觉的答案：不，他的确梦到了长发——因为把力比多能量转移到一个次级的、象征性的秩序时，心理变化实际上使情欲变得更强烈。诗人兰多，即使当他还是个小学生时便深刻认识到了这一点。在这首诗中，祈祷能清洗并净化，也能沐浴灵魂，这是因为少年兰多把他的宗教热忱献给了戈黛娃，而不是圣母玛利亚。

乍一看，长发作为情色的象征似乎也是四行诗"卢克丽霞·波吉亚秀发一瞥"（1825）的主题。

Borgia, thou once wert almost too august
And high for adoration; now thou'rt dust.
All that remains of thee these plaits unfold,
Calm hair, meandering in pellucid gold.

波吉亚，你曾经那么庄重高贵，

让人无法爱上你；如今你已化为尘灰。

散开的发辫是你留下的全部，

平静的秀发，在清澈的金色中漫步。

这里，卢克丽霞·波吉亚是一尊美的偶像，还是文艺复兴时期最著名的下毒者之一？"辫子"（plaits）是否语带双关，暗指她手里盛着毒物的"盘子"（plates）？头发是否是案情的焦点？因为众所周知，它保存了死者多年前摄入砷的证据。但我们可能预设了一个错误的二分法，即认为这首诗的主题要么是欲望，要么是死亡。实际上欲望与死亡反复交织在兰多的抒情短诗中，包括一些最著名的诗歌。比如"狄耳刻"（1831）：

Stand close around, ye Stygian set,

With Dirce in one boat convey'd,

Or Charon, seeing, may forget

That he is old, and she a shade

就站在近旁，你冥河的群灵，

和狄耳刻同船渡江！

或许卡戎，看见了，却可能遗忘

他已年迈，而她只是个阴影

诗中说，狄耳刻太美了，如果卡戎看见她，可能会"忘乎所以"，也会浑然忘记因为自己的衰老而产生的障碍以及她"只是一个阴影"的事实，忘记他们因此无法发展性爱。其实，这首诗中的"忘记"涉及一种更复杂的失忆症。我想或许很多人认为本诗书写了一种特殊的情感：一位老人面对理想中的年轻貌美女子时悲哀而无望的欲望。但是，当欲望受困于感官，还是完全没有欲望更好，从某种意义上来说，这样也是为了"自己"。有个说法挺有趣的：如果一位老年男子对异性还有欲望的话，那么从某种意义上说，他不仅"忘记"了自己的年龄，而且也忘记了年轻女孩对体弱的老头是毫无兴趣的，更重要的是忘记了自己根本不会有那样感觉。或许我们往往认为，爱欲不是被人记忆或遗忘的，而是一种可直接体验的东西。但这首诗却以凝缩的形式告诉我们，事实并非如此。

我们不要忽视诗歌的另一些要素，比如诗歌的神话起源。事情往往并不像表面看上去的那样。"狄耳刻"不是简单直接的"红颜薄命"的经典符号（也不是"青春美貌"），尽管诗歌或许如此暗示。实际上（或者说在神话中），狄耳刻是已婚女子，而非少女。嫁给吕科斯后，她就像童话故事中的邪恶继母一样长年虐待侄女安提奥珀。安提奥珀为宙斯生了两个儿子：安菲翁和仄忒斯，他们长大成人后为母亲报仇，杀死了狄耳刻——把她的头发绑在野牛的角上撞死。如此说来，狄耳刻这个人物并不是天真和美丽的象征，而是一些更世故和暴力的东西，代表强烈的仇恨、残忍和近乎狂暴的惨死。如果说诗中以青年形象呈现的狄耳刻"实际上"已经年老，那么以老年形象出现的卡戎"实际上"是年轻的。著名诗人维吉尔在提到冥界船夫"上了年纪"时，不忘立即解释道："但是神的老年仍血气方刚，充满青春的鲜绿（cruda and viridis）"。cruda 的意思是"血气方刚、生命鲜活、精力充沛"；相反，aridus 意为"干瘪或枯萎"，而 viridis 则是青春的同义词。也就是说，卡戎并不是性无能的。那么究竟是什么让可能的性冲动冷却？这才是整首诗的重点，不是吗？

另一种解读方法是关注兰多诗歌温雅甚至掺杂了几分甜美哀伤的语调，这与神话内容的暴力色彩并不相符：狄耳刻把仇恨发泄在安提奥珀身上，后来又被一头野牛撞死。卡戎是神，他身上的青春力量如此强大，因此克服了年岁的局限。卡戎并不是慈眉善目的形象；他的眼睛（根据维吉尔的描述），是"怒视的火球"，当埃涅阿斯试图登上他的船时，他便怒不可遏。斯提克斯(Styx)，除了是冥界河流的名字外，还有"可憎的""如霜冻般刺骨的寒意"等意思。这些含义当然和死亡相关，此外也代表整个场景中的暴力色彩和致命的纯洁元素。换言之，这种纯洁也取决于某种被隐藏的东西。在象征的层面上，这首著名的短诗意图将死亡的暴力和性欲的暴力编织在一起。它试图表明，死亡本身具有强烈的情色意味，所以必须被屏蔽在视野之外，以防我们过多关注性的问题。

图1画的是狄耳刻雕像，曾受她迫害安提奥珀的

图1

儿子们正要将她绑在牛角上。这尊雕像存于那不勒斯国家考古博物馆，我们几乎可以肯定兰多曾在那里看到过它（他在意大利居住过很多年，经常到那不勒斯去）。这是一个适于"近距离观看"的造型，一个浓缩而立体的暴力"群像"，同时也是一个广为人知的形象。比如这张18世纪晚期的插画，为了"雅观"，作者在右侧男性的腰间加上一片无花果叶子，而这在原雕像上是没有的。

雕像金字塔式的结构将古典的均衡、优雅与有意为之的杂乱结合在一起；四个人体在一种复杂的、貌似性的纠缠中，展现出这一暴力谋杀事件的开端。

由此，我认为虽然兰多的"狄耳刻"看起来是一首悲哀遗憾的诗，实则是一首关于暴力的诗；它不仅仅是"关于"某种被隐藏的事物，而且本身也有所隐藏。我承认这一判断违反直觉，但我们可以对此做更深入的研究。我其实不认为这首诗歌符合前几段文字所提示的那种陈腔滥调，将诗看作一个有待解码的谜语，等待读者揭示"文明"的表面所掩盖的"野蛮"含义。或许我这么说更为贴切：这四行诗，以优雅低调的"纯正"的新古典主义方式，斡旋于古典神话和19世纪英国风格之间。

希腊语（"Dirke"）和英语（"Dirce"）的发音颇有启示意味，它们在大量引人注目的咝音（stand, close, Stygian, set, seeing, is, she, shade）和穿插其间更为刚硬的辅音结尾之间回旋，如水流般地变为 ds, bs, "close"和"conveyed"中间的硬辅音"c"，以及"Stygian"和"forget"中间的"g"，巧妙而间接地增强了诗歌的韵律感。更重要的是，这个名字的英语发音所引发的回响没有被神话中的具体细节影响：大多数读者很可能觉得这名字仿佛在矫揉造作地说着："亲爱的，看——"

（dear-see）。这反而带来一种朦胧的感觉，好像这个名为"Dirce"的女人身上有一种柔和、神秘、"亲切"（dear）的感觉。如果把这个词变为希腊语，其中dear的读音就会消失在重音元音和硬辅音中，而这个名字也开始显现出有关阻碍和暴力的弦外之音。再以"冥河的群灵"（ye Stygian set）为例。在19世纪的英国风格中，这个词传达出一种彬彬有礼的社会意识，仿佛地下世界是一个高雅的聚会场所。我们可以想象，这首诗某种程度上描绘的是一个舞会上的难忘时刻，在那里，一个老人瞥见一个美丽的年轻女子，她被包围在"诸众"之中。然后老人哀伤地想，如果她能隐身于他的视线之外该有多好。兰多把这样一个世俗时刻演变为古典神话的手法也许会被认为只是一种文学惯例，但问题的关键在于他所选择的神话细节如何为这种平庸的阅读增添一层被提纯了的暴力色彩。这么一来，诗作不再和舞蹈及社交有关，而是聚焦于死亡，特别是当死亡与性欲的受阻或遗忘有关时，反而猛烈地撩动起本已克制的欲望。

因此，对兰多的短诗的阐释往往取决于可能的正面或负面解读。再以"我的希望退去"（1846）为例：

My hopes retire; my wishes as before

Struggle to find their resting-place in vain:

The ebbing sea thus beats against the shore;

The shore repels it; it returns again.

我的希望退去，我的心愿一如从前，

努力寻找它们的栖息之地，却又徒然；

落潮的大海拍打海岸，

海岸把它击退；而它却再次回返。

最后三个单词"it returns again"是指即使整片的
海水都在退去，个别的海浪仍会反复出现并拍打海
岸？还是指潮水会最终转向，让海水将那海岸覆盖？
第一种看法将诗歌理解为关于徒劳无用这一主题的
忧郁陈述，而另一种看法则把它理解为希望的延宕表
达：潮水终会转向。我们再次发现，本诗不仅提供
了两种不同的解读方式，而且还展示了介于两种解读
方式之间生动的含混。体现这种在世（being-in-the-
world）之生动状态的另一个词是：平衡，而这也是一
个我们用以描述兰多的关键词，他的克制、他的教养
和他的纯粹。

另一种解读"我的希望退去"的方法，毋庸置疑，是将其置于"受挫的性欲"的书写传统中：比如另一首更简洁的"致羞怯的情人"，或者，对照一个更明显、更直接的互文，如莎士比亚的十四行诗"若长波不断竞拍乱石之岸"。海浪有节奏的涌动可能会把我们引向这个方向，但这首小诗并不包含任何直接的情色，这完全是兰多的一种技巧。海浪也可能代表文学或政治上的抱负，或任何一种读者选择注入的欲望。这与我的观点并不矛盾，或许恰恰相反，不谋而合。毕竟，性欲的部分力量在于它如何以一种极具流动性的方式获得自我满足，尤其当它作为一种隐蔽、阻碍，或是被看作羞耻之事时。我不是指它的爱恋对象（它的驱力所向），而是指性的痴迷不断变换自身，并将欲望的魔力注入几乎所有事物的能力。弗洛伊德对此称为移情（transference），尽管这可能是一个过于笼统的术语，但的确是"性"最可辨识的特征之一：我们越想把它排除，它就越挣扎着冒出，就像查尔斯王的头颅一样。

　　我们也许会和兰多一样认为性欲望是一种顽固的不洁；可以想见，这只会激励我们做出更大的努力进行净化，使其他主题远离性的元素。但兰多最好的诗总是关注到被压抑事物的强力回归。例如兰多的诗歌和散文中反复出现的政治书写，而他关于权力政治的意识中十分醒目的一点，我们不妨暂时称之为情色政治。

我认为，一般不会有人把歌颂意大利统一运动的长篇无韵诗"复兴"（1824）读成一首关于性的诗，但这首诗本身又不免让人从这一角度进行解读。兰多在诗中提出了这样的论点：感官享乐主义是高压政治的直接后果。在现代人眼里，也许这种愤怒的缘由相当违反直觉，但对19世纪共和党人来说，这是一种普遍的共识。

We are what suns and winds and waters make us;

The mountains are our sponsors, and the rills

Fashion and win their nursling with their smiles.

But where the land is dim from tyranny,

Their tiny pleasures occupy the place

Of glories and of duties. ['Regeneration', 1–6]

是阳光和风和水孕育了我们；

山脉是我们的恩主，而溪流

用微笑滋养并赢得后代。

然而那里的暴政使大地失去光彩，

他们小小的快乐占领了

那个荣耀和职责之地。（"复兴"，1-6）

诗歌通过神话典故，书写了这些"小小的快乐"的本质，人民（本诗特指意大利人民）固执地热爱它们甚于荣耀和责任。在暴政之下，正义（或"永恒"）变得：

More inconstant than the buoyant form

That bursts into existence from the froth

Of ever-varying ocean: what is best

Then becomes the worst; what loveliest, most

deformed

The heart is hardest in the softest climes,

The passions Flourish, the affections die.

['Regeneration', 10-15]

比浮动的形体更不稳定

那存在，绽放自浪花，

绽放自不断变化的海洋：那最好的

又变作最糟的；那最可爱的，成了最可怪的

最柔软的天候抚育了最坚硬的心，

然后激情满腔，爱恋消亡。（"复兴"，10-15）

很明显，那"漂浮的物体"，就是阿佛洛狄忒的阿佛洛狄忒（Aphrodite's Aphrodite）；也即激情，是兰多痛斥的对"情感"的消耗。纵观意大利土地，这幅"巨大的画板"，这些"小小的快乐"压倒了公民的愤怒。

这种关于意大利复兴运动所遇障碍的看法之所以独特而不古怪，是由于这一看法在贯穿整首诗的"重生、生育和强大的生殖力"等喻象之间进行不断调和的方式：诗歌赞美了"新一代人已经站起"的希望（40）。同时，"新生"又是一种繁殖模式，代表了情爱和遗传因素，是赋予本诗激情的主要动力。肮脏（衰败）和纯净（新生）由此构成一种强有力的辩证关系。

Must Italy then wholly rot away

Amid her slime, before she germinate

Into fresh vigour, into form again? ['Regeneration', 30-2]

意大利是否必须彻底腐烂

在她的泥潭中？在她抽出新芽，

焕发新的活力，并再次成型之前？（"复兴"，

30-2）

这个问句看似是一种修辞，却表达了有关厌恶与欲望的更深层次的心理动力学——通过性进行繁殖的状况是否也是如此？这首诗浸泡在咸咸的液体中，比如海上的泡沫、海水的喻象："深邃的海沟"（34）中喷涌而出的活力——"一个比岛屿、比大陆／比地球本身，比那海洋包裹的地球／更伟大的事物，已从那里升起"（38-40）。诗人以一种令人吃惊的方式不断增强夸张的力度。自由战士"从海洋升入天堂"，欣然抛洒鲜血（80）。兰多匆忙地推断，希腊终于在希俄斯岛附近的一场海战中赢得自由（46-51）。诗歌呼唤荷马（为了告诉他这场战役使《伊利亚特》也黯然失色），也呼唤母神刻瑞斯，或德墨忒尔。安菲克提翁将"他疲惫的足／浸在温暖的小溪中"（59-60）；还有不断流淌的眼泪——"悲伤与喜悦的极致"（66）。革隆死了，但他打跑了哈米尔卡，拯救了叙拉古，他的人民为之悲喜交加，甚至"为奴隶制还不曾这样哭

过，/流下（如果感激之情是甜蜜的）甜蜜的泪水"（90-1）。诗歌似乎说明，悲伤中的喜悦甚至会比幸福带来的喜悦更强烈。"喜悦，/远远超越了人们在她的圣殿中所感受到的：/泪水属人，而极乐属神"（68-70）。这里，兰多把这种喜悦归功于刻瑞斯/得墨忒尔，他用戏谑的手法暗示读者，神圣的幸福是以痛苦为基础的。这其中的政治寓意的确与全诗表面上描绘的政治景观相抵触："新生之人"应带着尊严，重新崛起（109），推翻暴政。然而，正是这种矛盾使本诗的意义远非一种单调的革命行动的夸夸其谈：人们认为暴政代表死亡，自由则代表重生与新生活，但兰多认为二者就某个隐含的象征层面而言并无不同。我这么说不是因为他在这部作品中所颂扬的解放英雄（温泉关战役的列奥尼达、希迈拉河战役的革隆）最后都献出了生命；我想说的是，这首诗的意义是象征层面决定的，在此，新生和退化（25）被等同，即性自身。与人获得新生的希望相对，兰多责备自己的祖国阿尔比恩[1]不去支援意大利的统一事业："你这懦弱的奴隶/坐在远处，冷眼旁观"（23-4）。我们当然知道"懦

1　阿尔比恩（Albion），古时用以指不列颠或英格兰。

弱"是什么意思，但在一首题目和主题都是"复兴"的诗中，读者很难不注意到描述词中暗藏的双关（懦弱 –recreant、再造 –recreated）。诗歌对战争的态度也有明显的类似：光荣的"众望所归的战斗"（75），同时也是悲惨的"战争的束带"，将人性窒息（64）。诗歌提及古希腊人与小亚细亚的军队作战，既是宏大英武的举动["古希腊人袭击了 / 亚洲的海军主力，一举 / 将其击散成空气"（48–50）]，又是恐怖惊骇的"人类罪行和复仇之苦的集合"（65）。

希望我对"复兴"的解读没有让读者误认为这首诗不过是思想混乱和自相矛盾的蹩脚之作。我认为，这首诗的重点在于协商，在于用修辞的活力飞速掠过那欲望的逆流，同时将它们加以凝缩；尽管诗歌表现的是一种对政治的类似乌托邦的重生渴望，但读者会在诗歌最后三分之一部分发现政治诉求并非本诗真正的主题。那么，诗歌叙事者究竟在本诗主题中投注了什么？

I, in the land of strangers, and deprest

With sad and certain presage for my own,

Exult at hope's fresh dayspring, tho afar,

There where my youth was not unexercised

By chiefs in willing war and faithful song:

Shades as they were, they were not empty shades

Whose bodies haunt our world and blear our sun,

Obstruction worse than swamp and shapeless sands.

[71–8]

我，在陌生的土地上，沮丧

因为悲哀和我自己的预兆，

为希望清新的黎明欢欣，尽管遥远，

在那里我耗费了我的青春岁月

在首领们发动的战争和效忠的歌声中，

尽管他们如同影子，却并非空幻之影

他们的身躯萦绕我们的世界，模糊了太阳，

遮挡了视线，远胜沼泽和流沙。（71–8）

在这里，社会压迫隐藏在个体的抑郁之后，政治的个人化将社会空间凝缩为单个的、充满冲突的大脑。并非未实行，这个带着英式谨慎的双重否定词，道出一种可理解的迟疑——兰多想说的是，他在青年时代对荷马史诗的阅读让他和希腊独立战争密切相关。这在19世纪20年代远非罕见，比如拜伦（仅举最著名的例子）就是因为热爱希腊文化而投身希腊政治事务。但这不是兰多想说的，阅读荷马史诗，并不意味着与荷马的后人发生更加广泛和实际的接触。情况恰恰相反，希腊独立战争帮助兰多治愈了自己的忧郁。《伊利亚特》和《奥德赛》中的人物并不真实，他们是"影子"，而1822年在普萨拉岛战斗的水手却是真实的。但是，诗人坚持他们"不是空幻之影"，他们甚至可以说是"充实的影子"。充满着什么呢？他们充满了各式真实的人所匮乏的东西（而这些人的躯体萦绕着世界）。诗中举例说道：

O thou immortal Spartan! at whose name

The marble table sounds beneath my palms,

Leonidas! even thou wilt not disdain

To mingle names august as these with thine. [82-5]

哦，不朽的斯巴达人！听到你的名字

大理石桌在我的手掌下发出轰鸣，

列奥尼达！即使你不介意

把这些庄严的名字和你的混在一起。（82-5）

这里提到了列奥尼达，算是诗中着墨较多的一位英雄（荷马是"慷慨的希俄斯老吟游诗人"！革隆是"你，荣耀的双星！"普萨拉的水手们则是匿名的）。这是一个重要的名字；一听到这个名字，坐在大理石桌前的兰多便拍案而起。列奥尼达这一指称引出了兰多的名字：当然，两个名字并不相同，但由于发音相似而与周围参照物形成应和："将名字融合"（to mingle names）、"荣耀的双星"（twin-star of glory）以及兰多的身体与大理石的接触。那么空影子里装的是什么？是兰多自己。对自由之战的真挚渴望，实质上是一种力比多能量的表达，一种对于诗歌的潜意识既形成刺激又遭其排斥的东西。诗歌第94行开始提出一个问题："现在，什么能把人类压成混乱一团……（？）"借助前93行奠定的基调，我们可能会认为这句话是对理想目标的呼唤：什么能为我们的壮举带来团结一致？然而兰多的思路却反其道而行之。

What now can press mankind into one mass
For Tyranny to tread the more secure? [94–5]

现在，什么能把人类压成混乱一团

让暴政的践踏更加稳固？(94-5)

奇怪的是：所有这些躯体挤在一起只是为了更便于被压迫。在这种情绪背后，是个人主义者（其实是叛逆者）面对大众运动狂潮时无法言说的焦虑；但这种焦虑在极尽扭曲的人类的狂欢意象中得到了表达，与理想化的、"纯洁的"希望之间形成了鲜明的对比，变得更加色情化。诗歌以生动、流畅而又不连贯的梦境结尾：

That graceful form in azure vest array'd,

With brow serene, and eyes on heaven alone

In patience fixt, in fondness unobscured!

What monsters coil beneath the spreading tree

Of Despotism! What wastes extend around

What poison floats upon the distant breeze! [100-5]

那穿着蔚蓝背心的优雅身姿，

宁静的眉宇，双眼凝视天空，

耐心而专注，爱意毫不掩饰！

葱茏的大树雄踞一方，树下盘绕

多少怪物！周围散落着什么废物，

遥远的微风中飘荡着什么毒药！（100—5）

那是希望，于是，诗歌在这里又回到了它的出发点：冷峻的玛利亚代表希望，与此形成对比，毒药象征颓废和享乐主义：

Creatures that shun the light and fear the shade,

Bloated and fierce, Sleep's mien and Famine's cry.

[106—7]

避光怕阴的生物，

膨胀而凶暴，睡意朦胧，饥饿哀号。（106—7）

"重新站起来，带着你的尊严站起来，"兰多责备那些"沮丧的人"，这里他指的可能是人类，也可能只是指他本人（一个沮丧的人/带着悲伤和某种预兆）。"站起来"有不同的含义，取决于所指的是集体还是个人：就个人而言，它是对格雷夫斯"堕落，肆意堕落！"的强烈反对；是欲望之声，体现出某种匮乏（饥饿的哀号）；是夜晚和卧室冲动的膨胀，一股冲力。最重要的是，它是爱与恨的交织（odi et amo）。当然，从某种意义上说，兰多关切的是把他的共和主义与因法国大革命而声名狼藉的共和主义区别开来。而他的不同寻常之处在于他利用人类潜在的力比多投注完成此举。

我花了相当大的篇幅解读"复兴"，因为我认为这是一篇颇具能量的作品，尽管它带着诗人创作早期的青涩——作品的诗学效果来自政治和性欲望之间未被清晰完整表达的象征性关联。然而，这并不是仅在象征层面就能完成的，而是通过兰多的早期作品中意象思维行云流水般逐行逐句的发展，加之对主体位置的质询而得以实现的，在"向着佛罗伦萨"（1819）中，诗人哀悼古佛罗伦萨精神的消亡，那是一种"深思熟虑的、崇高的、开放而自由的"精神，他告诉我们，那场对城市的镇压成功用"快乐的幻影"取代了城市的精神。

《兰多百首诗集》前言 [1]

莫里斯·克雷格 [2] 著

孙 昊 译

刘守兰 审订

　　兰多绝不从俗，他既不愿起身受人尊崇，也不愿躺下仿佛死去。他既非奥古斯都时代 [3] 人，也多半不是维多利亚时代人。他也绝非早期浪漫主义者，他对具体事物的关切以及对形而上学的厌弃使其与他们判然有别。作为散文作家，兰多秉有独特的趣味，对他的拥趸而言，如果绝大多数读者无法共享他们的乐趣，他们也毫无理由抱怨衔恨。

---

1 《兰多百首诗集》(*Walter Savage Landor, One Hundred Poems*)，1999年由爱尔兰利伯特出版社（The Lilliput Press）出版。本文所有的注释均为译者所加。

2 莫里斯·克雷格（Maurice Craig, 1919—2011），爱尔兰著名建筑历史学家、作家、诗人，出生于贝尔法斯特，曾在剑桥大学莫德林学院和都柏林三一学院接受教育，获兰多研究博士学位。

3 奥古斯都时代（The Age of Augustus），1700至约1750年间，这一时期的英国文学被称作奥古斯都时代，这一时期的英国文人在写作过程中特别喜欢引用古罗马作家，如贺拉斯等人的作品，逐渐形成了新古典主义的文学思潮。这一时期也被称为奥古斯都时代。

但他的诗歌却另当别论。兰多曾自白道："诗歌是我的消闲，而散文则是我的学业和志业"，这句话被不加检验地接受了。须知，海涅曾用近乎同样的措辞对他本人的诗歌作出了免责声明。作家对其作品的自我声明几乎总是可疑的，他们要么不明真相，要么无能说明真相，又或者，即便能够也不愿意将其说出。评论家们曾说，兰多只有"六七首完美的抒情诗"或"二十篇如宝石般不朽的诗歌"，而其余的诗歌则毫无价值，不可否认，这部分作品的体量过于庞大，然而明智的评论家却另有评判。

杰弗里·格里格森曾在1964年断言，"过去50年，再没有一个有同等数量和质量的英语作家或诗人，不受重视到如此地步。"即便此后八年中有三种兰多作品选集陆续问世，这条论断仍然大致成立。我认为，最好将诗人兰多和散文作家兰多分开看待，而大多数编辑对二者不加区分，这于兰多无益。

兰多成年后的头27年，也即45岁之前的作品几乎全是诗歌。此后17年，自45岁至62岁（1820—1837），《对话集》（*Conversations*）的绝大部分以及另外三部长篇散文出而问世。但随后25年间，他主要写诗，本书半数以上的诗歌都作于这一时期，或大致如此。相当数量的诗歌首次发表于1846年兰多71岁时，其中一些可能写于更早的时期，但从他的发表习惯来看，数量不会太多。依据风格为兰多的诗歌编年并非易事，因为他的风格鲜少变化。

兰多写过大量应景诗，大部分十分琐碎，有些不过是打油诗（但我选出了其中一两首优秀之作）。和许多同时代人一样，兰多写过一些几乎为人遗忘的长篇"故事"诗（verse "tales"）。他和从詹姆斯·汤姆逊[1]到罗伯特·布里吉斯[2]时期的几乎所有人一样，也用素体诗（blank verse）写悲剧，但并未获得超出他人的成就。他最大的优势在于抒情警句诗（lyric epigram）和哀歌体诗（elegaic forms），他十分清楚自己缺乏在长诗中持续构筑诗意的能力。他从未写出乔治·达利[3]的《忘忧草》（*Nepenthe*）那样的佳作，但作为诗人，他因拥有更广泛、更富有成效的同情心而远比达利更为举足轻重。兰多式风格是清晰可辨、独一

---

1 詹姆斯·汤姆逊（James Thomson, 1700—1748），苏格兰诗人、剧作家，代表作有长诗《四季》。

2 罗伯特·西摩·布里吉斯（Robert Seymour Bridges, 1844—1930），英国诗人，1913年成为桂冠诗人。

3 乔治·达利（George Darley, 1795—1846），爱尔兰诗人、小说家、评论家及数学家。

无二并不容戏仿的。

兰多30岁时（如果不是更早的话）找到了他独具个性的声音，这种语调甚至可以在他20岁时创作的气势恢宏的史诗《格比尔》（*Gebir*, 1793）中找到，当时他与一位女孩同居于南威尔士并育有一个私生子。他最有名的抒情短诗之一《罗丝·艾尔默》（*Rose Aylmer*）很可能写于其后不久，兰多在1831年时年56岁时对这首诗做过修订，并在15年后时年71岁时，又为诗歌增添了一词。《仙去的伊利昂……》一诗，在1831年首次发表时已是一篇佳作，然而在1846年，诗人仍对其做出了大幅度的修改：他删去了诗歌的第三节，并重写了现行版本的最后一行。

今天查阅《格比尔》仍相当便捷，所以本书并不作完整收录，仅在第18页、第82页及第83页三例中摘选了一些片段。其中一例似乎被设计为独立的短诗，另外两例则是诗中的闪光点，缺少它们诗歌便显得松散和琐碎。

兰多既非华兹华斯般的乡村诗人，也绝非普赖尔[1]或蒲柏[2]般的城市诗人，毋宁说他是人口聚集区的诗人：诸如他曾长期居住的佛罗伦萨城或巴斯城周围的区域，或理想化的城邦希腊，或是他的长诗《古希腊人》(*Hellenics*)的背景地爱奥尼亚。从某个角度看，他是英国公学教育的完美成果：熟谙经典，精通英语和拉丁语，毕生反抗除语言学之外所有形式的权威，他对语言学界前辈的景仰恰如他对成为一名立法者的向往，情真意切。他也从未抱怨过自然规律。

"秋天的潮气渗入树叶，为它们无可避免的飘落做好准备；而我们被岁月包围着，记忆中的悲伤化作温柔的压力，使我们脱离对生命的执拗，并因之更为通达。"读者将在随后的书页中发现，这种在散文中被完美呈现的意境，在诗歌中也一再出现，尽管意象和重点有所不同，却同样完美无瑕。如果浪漫主义意味着对不可获致之物的渴望和对神秘之物的沉迷，那么兰多则不是一位浪漫主义者，他对世事明察秋毫，而且能以同样清晰的语言将其展现。有遗憾，而且还很多，因为有太

1　马修·普赖尔（Matthew Prior, 1664—1721），英国诗人、外交官，成长、生活于伦敦。

2　亚历山大·蒲柏（Alexander Pope, 1688—1744），英国诗人、文学评论家，杰出的启蒙主义者，推动了英国新古典主义文学的发展。

多的事情尚未遗忘，对此他总以妥协将其化解。他的忧郁也并非18世纪所常见的那种忧郁。兰多的修饰语很少有人使用，却被打造得清新可人："村民聚居的山丘"（第13页）；"缠绵的舞蹈"（第17页）；"鲜花般的孩童和饱经风霜的父亲"（第84页）等。

老人与少女的主题不断复现。作为丈夫和父亲，他一败涂地，也许这并不完全是兰多的过错。然而，在他的诗作《伊索和洛多皮山》（*Aesop and Rhodope*）、《伊比鸠鲁、莱昂蒂娜和特尼萨》（*Epicurus Leontion and Ternissa*）中，以及在《伯里克利和阿斯帕齐娅》（*Pericles and Aspasia*）的阿那克萨戈拉，甚至《伊菲革涅亚》（*Iphigeneia*）残章的阿伽门农身上，加之本书以及他所有的抒情诗中，都可以看到他对一长串迷人的年轻女子或倾心或慈爱的影子。尽管体格强健、脾性敏感，他却知晓分寸。1838年，他在给一位朋友的信中写道："一位美丽的女孩可能爱上我，对此我可以几乎确定，但我不会让她这么做。我不会犯下如此残忍的违心行为。"50年后阿伯代尔夫人还能回忆起他的"骑士风度、激情与温柔"。

将兰多同托马斯·洛夫·皮科克[1]相比较是诱人的，两人表面的相似显而易见：他们是关系亲密的同时代人（皮科克小10岁）；两人都浸淫于古典文学；都主要以对话形式写作；都与威尔士有涉；都激进且保守；都与各自时代的文学主流相疏离。皮科克曾留下遗言"以不朽上帝之名，我不会动摇！"这话很可能出自兰多之口。两人也都有各自的仰慕者。

尽管和兰多相比，皮科克缺点不少，但他却和蔼可亲、平易近人。在散文中他是一位杰出的社会作家和社交达人。相比之下，至少就散文而言，兰多始终更具影响力。皮科克的诗歌除了五、六首佳作之外，其余的都显得苍白且因袭，然而兰多式语调却在几乎他的每一行诗中都清晰可闻，甚至他最不重要的残篇也显然出自一位重要诗人之手。虽然不乏悲伤，皮科克的一生是成功的，而兰多的一生却因间隔不断的灾难而令人难忘，他大理石般平静的风格同他跌宕的生活形成了鲜明的对照：自我挫败的争吵和有时在肢体暴力中爆发的狂怒。"他富有爱心"，沃尔特·罗利（Walter Raleigh）评论道，"但生性霸道。"没有哪位作家能更恰当地例证生

---

1 托马斯·洛夫·皮科克（Thomas Love Peacock，1785—1866），英国讽刺小说家、诗人。

活混乱和艺术有序之间的矛盾对立。

在很大程度上，这种有序仅限于小范围。他只能偶尔在几页的长度之内驾驭各种形式的文字，比如在（散文体）对话《西皮奥、波利比乌斯和帕纳修斯》（*Scipio Polybius and Panaetius*）中。我们读他的叙事作品，更多缘于诗意而非情节。《古希腊人》则是一个例外，它是兰多发表过最具连贯性的一组诗。其中10首最初用拉丁语写就，1815年之前以"英雄伊狄利娅"（*Idyllia Heroica*）为题发表，1846—1847年间，兰多将它们翻译成英语，并将其同另外18首类似的英语诗一并以《古希腊人》（*Hellenics*）为题发表。1859年问世的（非常混乱的）新版《古希腊人》中，九首拉丁语诗歌被重新翻译成英语，该版本与1847年版相比毫不逊色。

1847年版的《古希腊人》和《格比尔》的全文，仍可在1907年的坦普尔经典版（the Temple Classics）中查阅到。它们和其他一些兰多的诗歌都未被本书收录。尽管《古希腊人》的质量参差不齐——哪首长诗未尝不是？——但也需在上下文中被完整地阅读。这些诗歌几乎和他所有的诗歌一样，如果读者在阅读中能自行找到那些搭配精当的词汇、繁花似锦的意象，并能发现这位最具个性诗人的独特声音在5行、10行或是15行中反复鸣响，这样的阅读就是值得的。

那么，相较散文，兰多诗歌的价值何在？用现代术语来讲，他肯定了自己散文创作的专业能力，同时也坦言自己诗歌的业余水平。我认为，作为散文作家他承受了经济独立之苦，而经济独立又给了他写作的闲暇，他从不需要赶稿或按规定的长度写作，或在现实范围内处理一个特定题材。有些市场准则还可能对他有益，但诗歌准则完全是另一回事，它们包括日复一日地坚持练习、对经典形式的应用、对新形式的探索以及对意象与措辞的把握从而使思维和表达达成统一。所有这些，兰多都定可胜任。

兰多厌恶十四行诗形式，如果我放在本书开头的那首素体诗也能算作某种形式的十四行诗的话，那么除此之外兰多仅写过一首十四行诗，那是阿尔菲耶里[1]诗歌的译本。

兰多似乎发明了一种极短的素体诗。在他的短文《卡图卢斯的诗》(*The Poems of Catullus*)中，他注意到弥尔顿散文中偶尔插入的素体诗，1824年起他不时在自己的散文中引入这样的段落，并以诗歌形式将其发

---

1 维托里奥·阿尔菲耶里 (Vittorio Alfieri, 1749—1803)，意大利戏剧家、诗人，被认为是意大利悲剧的创立人。

表，他有时，但不频繁地，也将其作为引语呈现。这是它们迈向独立诗歌的一小步，在本书中我给出了几个范例。其中两例甚至不包含主动词，这一点上他是意象派和庞德的前辈，丁尼生则更加直接地在《"深红的花瓣睡着了"》（'*Now Sleeps the Crimson Petal*'）一诗中效仿了他的风格。把丁尼生发表于1932年的诗歌《俄诺涅》（*Oenone*）同兰多在《科里斯》（*Corythos*）中对同一素材的处理相对比是富有启迪意义的，《科里斯》最初于1813年以拉丁语发表，后于1847年和1859年用英语发表，诗中采用的英语抑扬格与1798年问世的《格比尔》如出一辙。勃朗宁和兰多的关系亲密，他的诗歌是口语化的，是紧凑、喧闹而又充满生机的，有时也像兰多，信息密集而多有省略。他与兰多同时采用的意象的物质性，或许更多出于两人相似的气质，而非文学影响。第53页的《我的宾客！》一诗几近被认为出自勃朗宁之手。

另一位与兰多相似的诗人是托马斯·哈代，找到个人的声音后哈代的诗歌也鲜少变化。他的诗歌《隐居之士谈论公众人物》（*A Private Man on Public Men*）令我们想起兰多，尤其明显的是情感方面的相似，而非诗歌结构方面的相仿。戈蒂埃的《"最后的愿望"》

（'Dernier Voeu'）中的诗句"我爱你很久了"读来很像兰多诗歌的译本，这让我们想起庞德曾将他与兰多并举以作为"硬派风格"（hardness）的典范。豪斯曼[1]和戈加蒂[2]这样的诗人身上也有兰多的影子，其原因不难理解。但这游戏到头来是无果的，几乎不值得一玩。"在文学世界中我不求一隅，我此刻孤独并终将孤独，生前如此，身后亦然。"兰多的仰慕者们和他并不相似，而且他们也无心效仿。兰多关于自己的声明，无论是作为散文作家还是诗人的，都与西贝柳斯的名言相似：其他作家向公众提供各式鸡尾酒，他则供以一饮清水。这或许是一种长期修炼的境界，此选本的目的在于帮助更多读者获得这种品味。

谨向约翰·迈尔斯·狄龙和谢默斯·希尼的帮助和鼓励表示感谢，尤其感谢苏珊·肖和菲尔·克利弗对本书设计与付印的垂顾。

---

1 A. E. 豪斯曼（A. E. Housman, 1859—1936），英国古典学者、诗人。

2 奥利弗·圣约翰·戈加蒂（Oliver St. John Gogarty, 1878—1957），爱尔兰诗人、作家、医生及政治家，乔伊斯（James Joyes）小说《尤利西斯》（*Ulysses*）中巴克·穆里根（Buck Mulligan）的人物原型。

史文朋论兰多

阿尔格农·查尔斯·史文朋　著

倪雨亭　译

刘守兰　审订

　　兰多的全部作品，不论是公开出版的还是私人印刷的，也不论是英语、拉丁语还是意大利语版的，包括小册子、传单和有关零星报纸通信，在任何地方都很难全数提供，这里也同样如此。从19岁到将近90岁，他不知疲倦地参与各种知识和文学活动，不休不懈。然而，他至少和查尔斯·兰姆一样，无法在三行笔记中不留下他"罗马之手"的印记，这一无以伦比、无可模仿的手法立即成为他那个时代最具影响力、最纯净的风格，而他对兰姆的由衷赞美也报以了诚挚的回应。

　　唯一可以严肃地提出并坚持的指摘是，由于对短语的浓缩过于严格，以及对并非是多余的，有时几乎是必不可少内容的删减，可能偶尔会导致晦涩难懂或理解困难。他的英语散文和拉丁语诗歌可能比他的英语诗歌或拉丁文散文更频繁、更猛烈地受到谴责。对于一个目光不如他那般犀利敏捷、学养不如他那般精致纯熟的读者来说，准确地把控方向，跟上他敏捷的思维与光芒四射的话语是断然不可能的。

他对最精炼、最简略表达方式的不懈追求和偏爱可在他的任何作品中找到端倪，然而这一倾向偶尔也会使这位精通两国语言、深孚众望的大师"在过分的光耀下显得暗淡无光"。然而，无论是希腊语还是英语，也不论是在散文还是诗歌方面，从前的大师都未曾写出真正隐晦、松散、充满模糊而不确定的文字，也无人比他显得更全然陌生、更天生地遥不可及。在他引领我们的道路上没有丝毫的云雾；但我们时常感觉到缺少桥梁或扶手；我们必须毫不借助惯常使用的连接板，而是从叙述或论断的一个点跳到另一个点。

即使是在他的戏剧作品中，思想或行动的细节也缺乏最应具备的鲜明的相互关联或井然的次序，这常常造成明显的困惑。在他关于那不勒斯女王乔凡娜历史的气势恢宏的三部曲中，最初阅读时有时真的很难意识到正在发生什么，如何发生，为何发生，或者通过什么机制发生——仅一个缺陷就够了，就足够遗憾地说明人们对其作品普遍的无知：他们完全忽视了他如此细腻高雅的人物描写，全然不知他对"高尚举动和强烈激情"如此精确鲜明的把控和展现，也从不了解他如此强烈的幽默感和伤感力，以及对悲剧中恐惧和悲惨的主体部分如此庄重肃穆的处理。他对孩子、动物和花朵的温柔和炽热的爱，使他的文字和生活记录都散发着芬芳。他无疑是最温文尔雅、最慷慨大方的人，一如英雄和普通人中最倔强、最鲁莽的人，从来没有人的最好作品能像他的那样，满满地承载着体现他最高尚品质的充分证据。

总体来看，作为诗人，他可视为介于拜伦和雪莱之间，高于前者，又低于后者。如果我们排除卡图卢斯和西蒙尼德，或许很难找到能和他那些完美无瑕、无可挑剔、充满活力和有呼有息的美妙的挽歌、短诗和墓志铭相媲美的作品，更不可能找到超越它们的作品。利·亨特真实而又恰如其分地把他比作"一棵风雨中绽放百合的山松"。这是同样真实而优美的比喻。他强烈的同情心，他对世人持续遭受的冤屈所表现的愤慨和炽烈的怜悯之心，只能在其毕生坚持的推翻君主的主张和倡导中找到自然而必然的宣泄，并将其视为不断受挫的公平正义的最后源泉，以及对其英雄职责的最后履行。

他是一个古典主义者，而不是形式主义者；他广泛地受到公正而由衷的赞美，这使他能像布莱克一样，获得一名天才所拥有的足够空间以远离古典主义。不论从狭义或是独特的角度着眼，纵览他在情绪最高涨或是采用最高超的手法写下的创造性和批判性的作品，他都不仅仅是一位古典主义者。他的杰作《伯里克利和阿斯帕西娅》，不论在表面或深层，都矗立着他对中世纪意大利和莎士比亚时代英国的同样生动优美的研究。

他不朽对话中最精美的鲜花盛放在他一卷本的《希腊人和罗马人的臆想对话》中，他对激情和悲怆的极致驾驭，可以从他浓缩提炼的悲剧《提比略和维普萨尼亚》的巨大成功中得到验证。在这部剧里，他破例地表现出一种更符合浪漫主义而不是古典主义想象的倾向——一种微妙、高尚、可怕的力量，把人引入幽暗的娱乐大厅，把他全部的想象力和他精神的全部火焰，都投进那逐渐逼近疯狂的"阴暗的激情"中（参看莎士比亚《奥赛罗》第四幕第一场）。然而，如果把这一点和所有其他有关古代历史或传说的研究从他的著作中全部剔除，其余的作品也依然足以奠定他的声名，时光的流逝无损于他的卓著声望。

在爱情里，在悲哀中

——为什么兰多的经典警句是简练的典范

罗伯特·平斯基[1] 著

倪雨亭　译

刘守兰　审订

On love, on grief, on every human thing,

Time sprinkles Lethe's water with his wing.

——Walter Savage Landor

在爱情里，在悲哀中，在每一件人事里，

时间总用它的羽翼喷洒忘却之河的水滴。

——沃尔特·萨维奇·兰多

这里有一首诗，它向我们展示了仅用两行诗句可

1　罗伯特·平斯基（Robert Pinsky），美国诗人、批评家和翻译家。1997—2000 年美国唯一连续三届获得"桂冠诗人"称号的诗人，曾在威尔斯利大学、加州大学伯克利分校以及波士顿大学等多所大学任教，众多的诗歌及评论的出版物中包括《兰多的诗歌》（*Landor's Poetry*, Generic, 1968）。

以完成多少事情。随着英国诗人沃尔特·萨维奇·兰多（1775—1864）这首短诗的出现，斯莱特杂志[1]的诗歌专栏将恢复其偶尔刊登经典名著的惯常做法。

兰多为一个人尽皆知的俗言注入了活力，即人们常说，时间有翅膀，会飞翔。而兰多通过观察发现，有时翅膀不仅用于飞翔，也能拍打水面。还伴有"遗忘之河"意象的出现，从这个意象出发，冥府的"忘却之河"不仅源于神话，而且也成了真实的水源。这一巧妙的对陈言老套加以更新、重塑或重构的做法，是用寥寥数语传达大量信息的一种方式。

此外，还有另一种更为神奇的简洁表达形式存在于由身体发出的有声语言中，用于表情达意。例如，本诗的前三个重音落在辅音上，当上齿轻触下唇时发出的摩擦音：如 love 中的 v, grief 中的 f, 以及 every 中的 v。类似情况可见于本诗最后几个词中："water with his wing" 中的 w 字母的发音需三次撮口。

这种精妙的音效和尾韵同样重要，虽然不那么引人注目，却赋予兰多诗歌一种镂骨铭心的特色：一种

1 斯莱特（Slate）杂志是一种美国知名网络杂志，1996 年创立于美国，以其政治评论、离奇新闻和艺术特写等内容而闻名，曾获得"美国期刊奖"的最佳网站奖。

警句的基本特征。Epigram 一词来自希腊语，意为"写在"，指的是一种简洁而令人难忘的特质，足以镌刻在石头或金属上，这一特征传统上体现在拉丁语的军事警句中。从兰多选择的相似的辅音和元音的模式中，我听到一种斩钉截铁、圆满终结的效果，但同时也不乏绵软细腻的成分。在这种绵软和崭然中，一次致命的"喷洒"仅用15个单词便大功告成。

译后记

　　一位藏匿于百年故纸堆里的诗人，经过深具慧眼的一代又一代学者们的努力挖掘，终于重现于今日诗坛，实乃幸事。沃尔特·萨维奇·兰多，英国19世纪著名诗人与散文作家，曾以有别于同时代浪漫主义风格的诗文驰名大西洋两岸，当主流诗人们以热情奔放的语言、绚丽多彩的想象和大胆夸张的表现手法抒发对理想世界的追求时，兰多却始终平和从容地面对现实世界，用清醒的理智、素朴的笔调和古雅的风格去描绘现实世界。他始终认为，诗歌应该有节制、理性和建筑美。这些和同时代诗人有着云泥之别的观点使他在浪漫主义的热潮中开辟出一股清凉的溪流，令读者感受到别样的风采。人们似乎很难相信那些如大理石般冰凉的诗歌竟然创作于浪漫主义发展的巅峰时期，然而这却是事实。兰多在19世纪的英国文学史上几乎和拜伦及雪莱齐名，然而他的另类风格却导致他始终游离于主流文学大潮，不为后人所知。

和兰多的诗歌同样令人记忆深刻的是他的火爆脾气、他与生俱来的贵族气派、深厚的文学修养、响亮爽朗的笑声、以及他和狄更斯小说《荒凉山庄》中的人物劳伦斯·鲍索恩的众多相似之处。这一切都成为19世纪文人茶余饭后的谈资。

兰多的作品在我国的译介很少，在各种版本的英国文学史及选读中均无一席之地。在兰多诗歌屈指可数的译诗中，最为著名的是他写于74岁时的"我不与人争"，许多译者尝试翻译，其中包括著名翻译家王佐良和李霁野两位教授，然而最出色，流传最广的则是著名翻译家杨绛先生的版本：

　　我和谁都不争，

　　和谁争我都不屑；

我爱大自然，

其次就是艺术；

我双手烤着，

生命之火取暖；

火萎了，

我也准备走了。

请读原文：

I strove with none, for none was worth my strife:

  Nature I loved, and, next to nature, Art:

I warm'd both hands before the fire of Life;

  It sinks; and I am ready to depart.

译诗和原文一样，文字平实，气度从容，风味隽永。尽管译者改变了原诗的格式，然而却并不影响其风格的传达，读来毫无违和感。我尤其欣赏其中"火萎了"一句，那一个"萎"字，和其他版本的"低落"以及"消沉"相比，不仅更加简洁，与原文的 sink 更加接近，而且还栩栩如生地展现了火焰逐渐熄灭的动态过程，可谓精彩至极，难以超越。

翻译从来都很艰难，诚如钱钟书先生所说，从最初出发以至终竟到达，这是挺艰辛的历程。一路上颠顿风尘，遭遇风险，不免有所遗失和走样的地方，在意义或口吻上违背或不贴合原文。（钱钟书《七缀集》，1979）钱先生耐人寻味的心语道尽了译者的甘苦，翻译兰多诗歌，我必须从21世纪的中国出发，翻山越岭，穿越时空，到19世纪的欧洲去寻山访水，观风察俗，隔着重重雾霭去辨认一位桀骜不驯的世家子弟，一位真情郁勃、神采飞扬、笔力雅驯的诗人，翻译中遇到的困难是难以想象的。

首先，兰多是尚古的。为了译好每一首诗，我不仅需要温习和更新英国历史和地理知识，而且还需深入学习意大利的地理历史和风土人情，尤其是关于古希腊和古罗马的历史和神话传说，有时甚至还需查阅意大利词典。兰多对古希腊古罗马神话了如指掌，信手拈来，处处是诗，尽得风流。作为译者，我必须追随他的思绪，在古希腊的断壁残垣中探寻他的足迹，在满园繁花和杂草中，去寻找那几抱象征他理念和品节的万古不坠的智慧之柱。兰多诗歌气象开阔的学术视野和绵邈博厚的儒风雅韵显然对译者提出了极高的要求。

然而，兰多也是现实的。他有着普通人的喜怒哀乐，七情六欲，他常在诗歌中回忆清芬的昔年，修补褴褛的旧梦，描述纷繁的世事。为此，我们又必须深入了解兰多漂泊的生平经历，了解隐藏于他暴烈脾性下的真诚、善良和慷慨，理解他在世道尚新的境遇里雅风飘零的悲哀。然而，有限的诗人传记资料又为我们的深入探究带来诸多困难。

兰多的诗歌有一部分是无韵的自由体诗，大部分短诗都采用传统的英诗格式。他下笔谨严，字词锤炼，句格工整，韵脚精到。这也对译者提出了十分严格的要求，翻译时在注意押韵的同时还必须使诗句自然流畅、富有乐感。再者，译诗远非韵式相似那么简单，韵式只是诗歌语言音乐性因素之一，节奏感，亦复如是。此外，诗歌创作中更为重要的是风格。一位优秀的诗人，其风格必然是多样的，难以定论的，兰多的诗歌也不例外。他的诗歌能盛丽，能冷峭，能幽洁，能深邃，能刚锐，能婉顺，能古雅，能清通，有的博大如山，有的柔情似水，可谓气韵万千。要把这样风格多样的英语诗歌翻译成通达晓畅的中文，其艰难程度可想而知。尽管翻译诗歌是一种二度创作，然而留给译者的空间却十分有限，译者恰如一个戴着镣铐的舞者，举手投足间必须时刻注意不能超越界限。即便在界限之内，也必须注意分寸，译露了粗浅，译隐了迷离。翻译过程中，我无时无刻不处于这种矛盾和尴尬的境地之中，我时刻提醒自己，翻译拒绝浓妆，拒绝粉饰。

由于兰多的诗歌在我国从未得到全面译介，可供参考的资料也十分少见，在整个翻译过程中我一直有一种在荒野探险的感觉，孤独而兴奋，忐忑而期盼，但愿我的辛勤耕作能让兰多的诗歌走入我国广大读者的视野。尽管是小众诗人，尽管来自数百年前的异国他乡，相信介绍他的诗歌能为丰富我们对19世纪英国文学史的深入全面了解有积极的意义。我享受耕作的快乐，却并不奢求日后的收获，只希望广大文学爱好者能通过阅读本诗集注意到19世纪英国文学大花园里幽隅一角的一株绽放百合的苍松。

感谢柏华老师，从茫茫书海中挖掘出这样一位富有个性、成就卓著却被埋没数百年的诗人，并把首次翻译出版兰多诗集的重任交给我。柏华老师在百忙之中不仅为我提供了不少宝贵的参考资料，并且仔细审读我的译诗初稿，所提意见深入精到，动中肯綮，令我获益匪浅。兰多的作品浩如烟海，今天的读者很难领略其全貌，选译其中一些可读性较强、内容积极健康的短诗不但能激发我们对这位小众诗人的兴趣，去深入探寻诗人曲径通幽的内心世界，而且有助于我们充实和完善对19世纪英国诗歌的全景认识。根据柏华老师的意见和《时光诗丛》的设计理念，我选择了兰多作品中100首短小精悍、音韵优美、意义隽永的优秀诗歌，并按照主题作了分类，对于一些蕴含古希腊和罗马文化背景知识的诗歌，我做了相应的注释。兰多诗歌大部分无题，有些诗歌即便有题，也很可能是杂志编辑在未经本人同意的情况下擅自加上的。对于完全没有题目的诗歌，我采用诗歌的第一行或第一行的一部分作为诗歌标题。

由于国内外学界对兰多的研究都十分有限，

可供参考的资料寥若星辰，为选择诗歌和翻译工作带来不小的困难。感谢我的两位学生张宝来和侯云洁在百忙之中抽出宝贵的时间，为我搜集资料，在远不忘，盛情可感。同时也感谢卢芬芳、孙昊和倪雨亭等三位复旦学子，在繁重的学业任务之余精心翻译了数篇兰多评论，为理解兰多诗歌提供了宝贵的线索，尤其是孙昊同学，对我的译诗初稿提出了许多中肯的修改建议，在此一并致以诚挚的谢意。在整个翻译过程中，每每想起诗集将以中英对照形式出版，我总感到惶恐不安，对诗人的景仰和对读者的敬畏使我始终不敢率尔操觚，然而由于识浅心粗，资料有限，疏漏必多。在此本人谨掬一瓣心香，吁请专家学者与广大读者不吝匡正。

刘守兰

2024 年 3 月 28 日于上海

图书在版编目（CIP）数据

我不与人争：兰多诗选：汉英对照 / （英）沃尔特·萨维奇·兰多著；刘守兰译.
--上海：上海三联书店，2024.6（时光诗丛）
ISBN 978-7-5426-8433-2

I.①我… II.①沃… ②刘… III.①诗集—英国—现代—汉、英 IV.①I561.25

中国国家版本馆CIP数据核字（2024）第061150号

我不与人争：兰多诗选

著　者 /［英］沃尔特·萨维奇·兰多
译　者 / 刘守兰

责任编辑 / 王　建　樊　钰
特约编辑 / 丁敏翔　王文华
装帧设计 / 微言视觉 | 沈　慢
监　制 / 姚　军

出版发行 / 上海三联书店
　　　　　（200041）中国上海市静安区威海路755号30楼
邮　箱 / sdxsanlian@sina.com
联系电话 / 编辑部：021-22895517
　　　　　发行部：021-22895559
印　刷 / 天津鸿彬印刷有限公司

版　次 / 2024年6月第1版
印　次 / 2024年6月第1次印刷
开　本 / 787×1092　1/32
字　数 / 210千字
印　张 / 11.5
书　号 / ISBN 978-7-5426-8433-2 / I·1869
定　价 / 69.00元

敬启读者，如发现本书有印装质量问题，请与印刷厂联系18001387168。